Ervin Laszlo

Die Neugestaltung der vernetzten Welt

Global denken – global handeln

Mit einem Vorwort des Nobelpreisträgers
Ilya Prigogine

via nova
Verlag Via Nova

Überarbeitete Neuauflage 2004
Verlag Via Alte Landstraße 12, 36100 Petersberg
Telefon: (06 61) 6 29 73
Fax: (06 61) 9 67 95 60
E-Mail: info@verlag-vianova.com
Internet:
www.verlag-vianova.de
www.transpersonal.com
Umschlag: Marketing Design Service GmbH, Hamburg
Satz: typo-service kliem, 97647 Neustädtles
Druck und Verarbeitung: Rindt-Druck, 36037 Fulda

Ervin Laszlo

Die Neugestaltung der vernetzten Welt

Global denken – global handeln

Mit einem Vorwort des Nobelpreisträgers
Ilya Prigogine

Verlag Via Nova

Inhaltsverzeichnis

Vorwort

von Ilya Prigogine

Es ist mir eine Freude, in Ervin Laszlos Werk *Die Neugestaltung der vernetzten Welt* einführen zu dürfen, obgleich dies keine leichte Aufgabe ist, da dieses Buch die komplexen Probleme behandelt, vor die die Menschheit heute und morgen gestellt ist. Ich bin jedoch froh, dieses Vorwort zu schreiben, da ich den Eindruck habe, dass Ervin Laszlos Buch das bemerkenswerte Zusammentreffen zweier Entwicklungen markiert: Die Menschheit durchlebt gerade eine außerordentlich kritische Zeit der Umgestaltung und auch die Wissenschaft befindet sich an einem Punkt entscheidender Veränderungen. Immer mehr Wissenschaftler stellen fest, dass ein neues Paradigma sich herausbildet. Kennzeichnend für dieses neue Paradigma ist, dass sich unsere Aufmerksamkeit immer mehr auf Fluktuationen, Evolutionen und Veränderungen anstatt auf statische Gesetzmäßigkeiten richtet. Dies trifft nicht nur auf dem Gebiet der makroskopischen Phänomene wie in der Chemie zu, sondern auch auf der mikroskopischen Ebene, der Teilchenphysik und in den weiten Bereichen der modernen Kosmologie.

Während der letzten Jahrzehnte haben sich die Ansichten über die Bedeutung der Zeit in den Naturwissenschaften radikal geändert, wenn man sich nur an das „Heisenberg-Paradigma" erinnert, das seinen Ausdruck in der Unschärfe-Relation der Quantenmechanik findet. Dies war ein entscheidender Schritt, denn die Quantenmechanik war im wesentlichen die erste Wissenschaft, die sich gezwungen sah, die deterministische Beschreibung der Welt aufzugeben. Dabei war dieser Entwicklungsschritt bemerkenswert mühsam. Einstein zum Beispiel stand dem Wahrscheinlichkeitscharakter der Quantenmechanik ablehnend gegenüber. Noch in einem seiner letzten Aufsätze schrieb er, dass diese Eigenschaft sowieso nur auf die mikroskopischen Probleme zuträfe, wie sie die Quantenmechanik beschriebe, während in der makroskopischen Welt der Determinismus weiter die Regel sei. In diesem Punkt haben die Entwicklungen der letzten Jahrzehnte Einstein eindeutig widerlegt.

Wir wissen heute, dass es bei Systemen, die weit von einem stabilen Zustand entfernt sind, Verhaltensweisen gibt, die nur in Ausdrücken beschrieben werden können, die eine Mischung von Determinismus und Wahrscheinlichkeit darstellen. Das trifft auch für die makroskopische Ebene zu. Ein bekanntes Beispiel ist die sogenannte Bénard-Instabilität, die sich bei einem vertikalen Temperaturgefälle in horizontalen Flüssigkeitsschichten ergibt. Wenn sich die Wärme durch Strömung ausgleicht, wird für einige Schwellenwerte des Gefälles der Ruhezustand der Flüssigkeit instabil, was einer zusammenhängenden Bewegung von großen Massen von Molekülen entspricht. Diese Strömung ist ein symmetriezerstörendes Phänomen: Punkte, die „äquivalent" waren, die sich „fast" an der gleichen Stelle befanden, ehe die Wärmewirkung einsetzte, bewegen sich jetzt in deutlich unterschiedlichen Strömungsrichtungen. Wir müssen sogar sagen, dass in gewissen Bereichen die Wahl zwischen den verschiedenen Möglichkeiten von der statistischen Fluktuation abhängt, die durch Wahrscheinlichkeitsgesetze beschrieben wird.

Es handelt sich hier um ein allgemeines Kennzeichen von instabilen, dynamischen Systemen. Welche (begrenzte) Genauigkeit der Kenntnisse wir über den Anfangszustand auch besitzen mögen, so kann, gemessen an dem gegenwärtigen Kenntnisstand, nur die Wahrscheinlichkeit vorhergesagt werden, mit der sich die eine oder andere Struktur herausbildet. Dies ist in keiner Weise eine Niederlage für den menschlichen Geist, ganz im Gegenteil! In seiner Schrift *Grundlagen einer Theorie evolutiver Systeme* zeigt Laszlo, wie die neuen wissenschaftlichen Vorstellungen es nahe legen, dass die Auswahl aus einer Reihe von alternativen, stabilen Zuständen nicht determiniert ist.

Die neue Erkenntnis über die Begrenztheit der menschlichen Erkenntnisfähigkeit und der daraus sich ergebenden philosophischen und praktischen Implikationen veranlasst uns, das traditionelle Ideal der Allwissenheit aufzugeben. In Wirklichkeit hat dieser Traum der klassischen Physik theologische Wurzeln, die wir erkennen können, wenn wir zum Beispiel die Korrespondenz zwischen Clarke (der für Newton sprach) und Leibniz lesen. Leibniz begann seine Argumentation mit der Bemerkung, dass Newton wahrscheinlich eine merkwürdige Vorstellung von Gott hätte, da für ihn der Schöpfer gezwungen sei, von Zeit zu Zeit sein Werk neu einzustellen, und dass er damit ein schlechter Uhrmacher sei. Für Leibniz war es unvorstellbar, dass Gott nicht zu jeder Zeit wissen sollte, was in einer x-beliebigen Zukunft geschehen würde. In die gleiche Tradition gehört eine bedeutende Richtung der modernen Physik, die versucht hatte, die Wichtigkeit, ja sogar die Existenz der Zeit zu leugnen. Sogar Einstein hatte geschrieben, dass die Zeit eine Illusion sei. Er meinte, dass durch diese Erkenntnis die Wissenschaftler Gott näher kämen. Unter diesem Gesichtspunkt ist sogar der Beweis einer zuverlässigen Kenntnis gleichbedeutend mit der Ausschaltung der Zeit. Gerade dieses theologische Vorurteil ist jetzt dabei zusammenzubrechen. Mit dem Ideal der allwissenden Wissenschaft verabschiedet sich jetzt auch die dualistisch geprägte Sicht einer allmächtigen Menschheit, die sich die Natur unterwirft.

Die These dieses Buches, dass wir vor einer Bifurkation, vor einer Weggabelung, stehen, die ein neues Zeitalter heraufführt, ist auch von daher sehr gut gewählt. Mit der Vorstellung der Bifurkation findet die Kategorie des Ereignisses Eingang in die moderne Wissenschaft. Ein Ereignis ist etwas, das nicht mit Bestimmtheit vorhergesagt werden kann. Die Stellung der Erde in ihrem Lauf um die Sonne nach Ablauf von soundso viel Jahren kann kaum als ein Ereignis bezeichnet werden, während die Geburt eines Mozart sehr wohl ein Ereignis in der Geschichte der westlichen Musik ist.

Laszlo zitiert die Ansichten von Spengler und Toynbee von der zyklischen Entwicklung der Kulturen, die wachsen, sterben und neu geboren werden. Er vertritt demgegenüber die Ansicht vom Auftauchen einer neuen Zivilisation, die der sich anbahnenden planetarischen Situation einer immer mehr miteinander verflochtenen Menschheit besser angepasst ist. Ich hoffe sehr, dass er Recht behält, denn, wie er richtig hinweist, ist die Zeit, in der wir leben, in der Tat äußerst kritisch.

Mich hat immer das Phänomen der Gleichzeitigkeit in der Geschichte beeindruckt: Große Neuerungen wie zum Beispiel die Erfindung der Töpferei oder der Pflanzenveredelung scheinen mehr oder weniger zur gleichen Zeit in der ganzen Welt gemacht worden zu sein. Aber diese Gleichzeitigkeit wurde im 19. Jahrhundert durchbrochen, als es zu einer kulturellen Destabilisierung, zu einer eklatanten Ungleichheit kam, zu einer Epoche, in der sich die Menschheit in sogenannte „primitive" und „zivilisierte" Nationen spaltete. Unsere Zeit versucht, diese Spaltung zu überwinden und zu einer universalen Sicht der menschlichen Würde zu kommen.

Lassen Sie mich dieses Vorwort mit einer Ansicht schließen, die etwas naiv sein mag. Ich hatte immer den Eindruck, dass der Übergang vom Volksstamm zu der Gestaltung eines modernen Staates teuer bezahlt wurde, nämlich mit Sklaverei, Unterdrückung und weiträumigen Kriegen. In der westlichen Welt gibt es eine gewisse Tendenz, die vorgeschichtlichen oder „natürlichen" Zustände zu idealisieren. Wir brauchen nur an Rousseau, Bachofen oder Lévi-Strauss zu denken. Für den letzteren ist Anthropologie eigentlich „Entropologie" – nämlich die Geschichte des historischen Verfalls, des Verlustes echter Werte. Doch dieses Buch gibt uns die Hoffnung, dass wir mit unseren neuen, sowohl theoretischen wie auch experimentellen Errungenschaften, mit unserer immens verbesserten Fähigkeit zur Produktion von breitem Wohlstand, mit unseren neuen Möglichkeiten der weltweiten Kommunikation schließlich eine Form von Kultur gestalten können, in der eine immer größere Zahl von Menschen die Möglichkeit gewinnt, ihre Kreativität, von der ich glaube, dass sie in jedem menschlichen Wesen zu finden ist, auszuleben und einzubringen. Ist dies tatsächlich der Anfang für die Gestaltung eines neuen Zeitalters? Wir sind noch immer viel zu sehr inmitten der planetarischen Umgestaltung, als dass wir eine abschließende Bewertung treffen könnten. Aber – und dies ist meine Hoffnung – die nächste Generation wird bestimmt in der Lage sein, unsere Zeit, so wie Laszlo es in diesem Buche tut, als den Beginn einer riesigen Weggabelung, einer Bifurkation zu sehen.

Vorwort

von Ervin Laszlo

Die Besorgnis, die ich in diesem Buch ausspreche, stammt nicht erst von gestern. Sie hat sich im Laufe meines Lebens als Erwachsener in steigendem Maße herausgebildet. In den letzten anderthalb Jahrzehnten habe ich mich mit ihr in systematischer Weise beschäftigt. In dieser Zeit kam ich mit zahllosen Menschen, Ideen und Daten in Verbindung, die alle auf die eine oder andere Art Einfluss auf dieses Buch genommen haben. Anstatt jede einzelne Person, jede Idee und jedes Dokument einzeln aufzuzählen, werde ich meine Dankbarkeit in der Weise ausdrücken, dass ich kurz die wichtigsten Stationen meiner Annäherung und Beschäftigung mit den brennenden Problemen darstelle, die Gegenstand dieser Untersuchung sind und die für uns alle in dieser und der nächsten Generation Anlass zum Nachdenken sein sollten.

Meine berufliche Beschäftigung mit der Zukunft begann, als ich im Jahre 1972 einen Ruf an das *Princeton Center of International Studies* erhielt. Richard Falk bat mich, die Relevanz meiner Arbeit an der Systemphilosophie für das gegenwärtige internationale System in einer Reihe von Seminaren an der Woodrow Wilson School zu behandeln. Kurz nachdem ich diese Seminare beendet und die Ergebnisse in „Strategy for the Future" publiziert hatte, kam ich mit dem *Club of Rome* in Verbindung, jener internationalen „Denk-Fabrik", die nicht nur durch „Die Grenzen des Wachstums" von sich reden machte. Sein Gründer und Präsident Aurelio Paccei bat mich, für diesen Club einen Bericht anzufertigen über die Bedingungen für den Aufbau einer globalen und humanen Weltgesellschaft. Während ich an diesem Bericht arbeitete – der anschließend als „Goals for Mankind. New Horizons of Global Community" veröffentlicht wurde –, erhielt ich einen Ruf von Davidson Nicol, der damals der leitende Direktor von *UNITAR*, der „Denk-Fabrik" der UNO, war. Nicol lud mich ein, meine Arbeit an dem Bericht für den *Club of Rome* vom New Yorker Hauptquartier des Instituts aus zu koordinieren. Nach der Veröffentlichung des Berichts im Jahre 1977 bat mich Nicol, die Leitung der Forschungsabteilung zu übernehmen, um eine breit angelegte Untersuchung zu einer „neuen Weltwirtschaftsordnung" zu übernehmen, ein Thema, das für die Vereinten Nationen gegen Mitte und Ende der 70er Jahre und zu Beginn der 80er Jahre Priorität besaß.

Nachdem ich während sieben Jahren die Studien zur Nord-Süd-Entwicklung sowie über regionale und interregionale Zusammenarbeit bei *UNITAR* geleitet hatte, verließ ich die Vereinten Nationen und kehrte zur Grundlagenforschung zurück. Ich wollte dazu beitragen, einige der aufregendsten neuen Entdeckungen mit aufzuarbeiten, die sich bei der evolutionären Systemtheorie zeigten. In den letzten vier Jahren nahm die Arbeit auf diesem Gebiet viel von meiner Zeit und Energie in Anspruch. Im Zuge eines sehr engen Kontaktes und einer fruchtbaren Zusammenarbeit mit verschiedenen Wissenschaftlern, die grundlegende Beiträge zu unserem neuen Verständnis der Evolution geleistet hatten (zu ihnen gehören die beiden Nobelpreisträger Ilya Prigogine und Jonas Salk), veröffentlichte ich zwei Bücher, die die grundlegenden Prinzipien des Wandels in der Entwicklung von Natur, Mensch und Gesellschaft beschreiben: „Evolution: The Grand Synthesis" (Evolution. Die neue Synthese) und „Cosmic Connections: Evolution in the Whole-Field Universe".

Ich Frühjahr 1988, als ich gerade eine Vortragsreise durch Deutschland beendete (sie hatte als Anlass das Erscheinen einer erstaunlich vielgelesenen Neuausgabe einer kurzen Monographie, die bei ihrem ersten Erscheinen in englischer Sprache vor zehn Jahren fast ignoriert worden war), wurde ich durch die Vorschläge meines Verlegers angeregt, meine auf die Zukunft bezogenen Ideen, an denen ich seit den frühen 70er Jahren gearbeitet hatte, zusammenzufassen und mit den neueren Einsichten zur Evolution zu verbinden, um diese allgemeinverständlich einem breiteren Publikum zugänglich zu machen. Ich nahm die Herausforderung an und als Ergebnis entstand das Buch „Die Neugestaltung der vernetzten Welt".

Ervin Laszlo

Einleitung

Beim *Homo sapiens* ist es dazu gekommen, dass seine Existenz immer mehr von seiner Intelligenz abhängt. Wir verlassen uns im Unterschied zu den Tieren nicht länger auf die Muskeln für den Kampf, auf die Geschwindigkeit des Fluges oder die schützende Maske der Form und Farbe. Weil wir auf unsere Intelligenz bauten, konnten wir in steigendem Maße Kontrolle über unsere Umwelt ausüben. Zuerst taten wir das, indem wir immer weitreichendere und grundlegendere Prozesse in der Natur kontrollierten – oder in sie eingriffen. Wir Menschen sind nun zu der entscheidenden Wirkkraft bei der Evolution unserer ganzen Biosphäre geworden. Werden wir diese Macht weise nutzen, zum Vorteil von allen und so auch zu unserem eigenen? Oder werden wir engstirnige und kurzsichtige Ziele ansteuern und dadurch den Untergang der Biosphäre bewirken und schließlich unseren eigenen? Die Frage kann nicht so leicht von der Hand gewiesen werden, die Verantwortung, die auf uns liegt, ist ein Teil unserer Erbschaft als Spezies.

Der *Homo sapiens* ist das Risiko der Intelligenz eingegangen. Nehmen wir zum Beispiel den Rauch des Feuers. Kein anderes Lebewesen kann Feuer erzeugen und dabei voraussetzen, dass es dieses auch wieder löschen kann. Aber gerade darauf kommt es an. Weiß der *Homo sapiens*, „der wissende Mensch", nicht nur, wie er ein Feuer anzünden, sondern auch, wie er es wieder löschen kann? Nehmen wir das Wort „Feuer" nicht nur wörtlich, so gibt es viele Mächte und „Feuer" der unterschiedlichsten Art, die wir geschaffen haben, und von denen wir glauben, sie gezähmt zu haben; dynamische Prozesse in der Natur, die wir beeinflussen und dann hoffen zu kontrollieren. Nun geraten aber diese Mächte gelegentlich außer Kontrolle und stellen sich als ungezähmt heraus. Einige gewinnen – wie ein Geist aus der Flasche – eigenes Leben und eigenen Willen. Sie verhalten sich in unvorhergesehener und unbeabsichtigter Weise und zerstören dabei unsere Umwelt, statt sie aufzubauen. So war es mit jener Macht, die wir freisetzten, als wir das Schießpulver erfanden, und so verhält es sich auch bis auf den heutigen Tag mit all jenen Technologien, die auf fossilen

Energien beruhen. Der Geist, den wir aus dem Atomkern freigesetzt haben, mag sich als noch viel gefährlicher erweisen als alle anderen. Und können wir uns darauf verlassen, dass die neuen Technologien der Automation und der Kommunikation unter unserer Kontrolle bleiben werden?

All dies ist Stoff zum ernsten Nachdenken. Als vor fünf Millionen Jahren die Linie des *Homo sapiens* aus der der höheren Affen abzweigte, hat sich die irdische Natur auf ein Vabanquespiel eingelassen. Sie hat ihren eigenen Fortbestand aufs Spiel gesetzt: Eine intelligente Spezies muss nicht unbedingt ein Erfolg für die Erhaltung und Verbesserung der Umwelt sein, sie kann auch zu einem Fiasko werden, indem sie die Umwelt entarten lässt und ihr eigenes Überleben gefährdet. Falls die menschliche Intelligenz zu einem Fiasko führt, wird die Auslöschung unserer Spezies gleichbedeutend sein mit der Auslöschung allen Lebens auf dieser Erde, vielleicht mit der Ausnahme von Insekten und Gras. Es scheint, dass sich unsere Biosphäre auf das größte denkbare Risiko einließ, als sie auf den Sapiens setzte.

Wie ist es zu diesem Vabanquespiel gekommen? Die Wissenschaftler können inzwischen auf diese Frage eine ziemlich sichere Antwort geben. Bei der Entwicklung unserer Spezies scheint nichts Übernatürliches im Spiel gewesen zu sein. Vor über fünf Millionen Jahren zweigte die Evolutionslinie, die zum modernen Menschen führte, von derjenigen jener afrikanischen Affenart ab, die die gemeinsamen Vorfahren der Menschen, Schimpansen und Gorillas waren. Affen sind Vierfüßler mit großen Kinnladen und kleinen Gehirnen von 300 bis 500 ccm Umfang. Der Mensch ist ein zweibeiniges, aufrecht gehendes Wesen mit kleinem Kinnladen und einem Gehirn von 1400 bis 1600 ccm. Affen sind an ein Leben in den Bäumen angepasst. Der Mensch lebt am besten auf dem Boden. Diese Anpassung an das Leben auf dem Boden scheint der entscheidende Schritt gewesen zu sein auf dem Wege, der bei unseren Vorfahren zur Entwicklung der Intelligenz führte. Warum einige Gruppen von Affen es vorzogen, die Bäume zu verlassen, ist nicht ganz klar, aber nachdem sie es einmal taten, war ihr Schicksal besiegelt. Sie waren dazu verurteilt, Intelligenz zu entwickeln oder unterzugehen.

Als sich in Ostafrika einige Gruppen von Affen von ihren Bäumen herunterwagten, befanden sie sich in einer äußerst prekären Situation: sie waren verletzlich geworden. Der Boden war von fleischfressenden

Tieren bewohnt, die stärker und schneller waren als sie. Der Schutz der Bäume war verschwunden und an ihrer Stelle hatten die abenteuerlustigen Affen nur einen Ersatz, ihre neuerdings freigewordenen Vordergliedmaßen. Diese brauchten sie nicht mehr, um sich an den Ästen der Bäume festzuhalten, sie konnten auf andere Weise genutzt werden. Höchstwahrscheinlich wurden sie dazu benutzt, die Kinder zu tragen, als die Rotten früher Hominiden den wandernden Herden über das sich entwickelnde afrikanische Grasland folgten. Aber sie sind sicherlich auch zur Selbstverteidigung mit Stöcken und Steinen benutzt worden, wie es Schimpansen noch heute tun. Im Unterschied zu Schimpansen und anderen Affen wurden unsere Vorfahren immer mehr vom Gebrauch der vorderen Gliedmaßen abhängig. Ihre Art des Überlebens förderte manuelle Fertigkeiten, gute Körperbeherrschung und einen hoch entwickelten Tastsinn. Nur jene Rotten konnten überleben, deren Individuen diese Fähigkeiten entwickelten. Und einigen gelang dies: Wie wir heute wissen, ist die Darstellung der Hand und besonders des Daumens im motorischen und sensorischen Feld der Großhirnrinde beim modernen Menschen außerordentlich detailliert. In dem Maße, wie sich die Vordergliedmaßen zu geschickten Armen und Händen umformten, wurden die Kiefer nicht länger für Verteidigungsaufgaben benötigt. Es gab keinen Selektionsdruck für große Eck- und Backenzähne und einen geräumigen Kiefer, diese alle aufzunehmen. Eine neue Spezies aufrecht gehender Zweifüßler war entstanden mit einem großen Gehirn und kleinen Kiefern – die Kennzeichen des Sapiens bis in unsere Tage.

Die Entwicklung eines größeren Gehirns ging mit einer ganzen Reihe von evolutionären Neuerungen einher. Zu den Fähigkeiten, die für einen auf der Erde gehenden Zweifüßler vorteilhaft waren, gehörte die Fähigkeit der Zusammenarbeit bei der Verrichtung wichtiger Aufgaben des Überlebens. Mutationen, die diese besondere Fähigkeit zur Kommunikation erhöhten, wurden durch die natürliche Auslese bevorzugt. In dem Maße, wie sich diese sozialisierten Individuen ausbreiteten, wurde die genetisch festgelegte Zeichensprache der Affen umgewandelt in ein flexibleres System der gemeinsamen Symbole, das für die menschliche Sprache charakteristisch ist. Das Sozialverhalten wurde aus der Enge der genetischen Programmierung befreit und an sich ändernde Umstände angepasst. In der neu sich bildenden Gehirnrinde unserer Vorfahren verband sich die Fähigkeit für einen

15

geschickten Gebrauch der Hände und den Gebrauch von Werkzeugen, mit der sich neu entwickelnden Fähigkeit der Kommunikation und Sozialisation. Unsere Vorfahren wuchsen also von einem aufrecht gehenden Affen zu einer Spezies heran, die – mit etwas Übertreibung, aber auch nicht ganze ohne Grund – begann, sich selbst als *Homo sapiens* wahrzunehmen.

Dieses Wesen hat sich seit seinem ersten Auftauchen in Afrika vor rund 100 000 Jahren in seiner essenziellen Struktur nicht mehr verändert. Auch wenn seine manuellen und kognitiven Fähigkeiten während der ersten 90 000 Jahre fast nicht zum Tragen kamen – ganz zu schweigen von den fünf Millionen Jahren der abenteuerlichen Entwicklung seit dem ursprünglichen Herabsteigen von den Bäumen –, hatte es als *Homo sapiens*, als „denkendes Wesen", alle genetischen Voraussetzungen des modernen Menschen. In all diesen Jahrtausenden haben es die verstreuten Rotten der Hominiden und Prohominiden gerade soeben geschafft zu überleben und sich in einer ständig gefährdeten Existenz zu behaupten. Erst mit dem Beginn der neolithischen Revolution vor etwa 10 000 Jahren begann der Siegeszug der Intelligenz. Dieses Ereignis wird gekennzeichnet nicht nur durch die Kontrolle über das Feuer, was schon wesentlich früher erfolgt war, sondern durch die Kontrolle der unmittelbaren Umwelt, durch die Domestikation einer immer größer werdenden Zahl von Pflanzen und Tieren.

Das Übrige ist, wie wir wissen, Geschichte. Aus diesen Wesen entwickelten sich die beherrschenden Räuber dieses Planeten. Ihre Intelligenz erlaubte es ihnen, sich in immer größerer Zahl zu vermehren und in ihre Umwelt zu intervenieren, entsprechend dem Diktat ihrer wachsenden Bedürfnisse und immer unersättlicher werdenden Gelüste.

Der Aufstieg der Hominiden war viele Millionen Jahre lang ungewiss, aber am Ende gelang er doch. Kann es sein, dass dieses Ende gleichzeitig das Ende der Biosphäre bedeutet, aus welcher der Mensch hervorging – und damit auch das Ende des *Homo sapiens*? Es ist keineswegs weit hergeholt, ein solches Ergebnis ins Auge zu fassen. Es kann sein, dass anderswo im Universum intelligente Wesen verschwunden sind, nicht lange nachdem sie die Vorherrschaft erlangten. Intelligenz ist *eine* von vielen Antworten, die die Evolution in dem großen Tanz der Mutation und natürlichen Auslese finden kann,

16

und es ist keineswegs unmöglich, dass in den Weiten des Universums die Evolution irgendwo eine ähnliche Antwort bereits gefunden hat. Unsere Versuche einer interplanetarischen Kommunikation sind bis jetzt völlig fehlgeschlagen. Ist es nicht außerordentlich verdächtig, dass wir, obgleich es viele Planeten im Kommunikationsbereich der Erde gibt, die Leben ermöglichen, nicht in der Lage waren, mit außerirdischen Wesen Verbindung aufzunehmen? Der Grund braucht nicht zu sein, dass es keine intelligente Spezies außerhalb unseres Planeten gibt. Es ist vielmehr durchaus denkbar, dass sie nicht lange überlebte. Wenn es so ist, dass intelligente Wesen nur eine kurze kosmische Lebenserwartung haben, so sind die Aussichten, mit ihnen zu kommunizieren, drastisch reduziert. Es müsste dann schon eine außerordentlich sorgfältige Koordination in Raum und Zeit geben, damit wir Signale von ihnen empfangen könnten: Wenige hundert Jahre zu früh, und sie wären noch nicht in der Lage, Signale auszusenden, und wenige hundert Jahre zu spät, und sie würden nicht mehr existieren, um unsere Signale zu empfangen.

Es ist also möglich, dass intelligente Wesen, nachdem sie einmal aufgetaucht sind, nicht lange überleben. Wie dem auch sei, wir können weder den Planeten Erde noch irgendeinen anderen Planeten im Kosmos, der Leben ermöglicht, dafür tadeln, dass er der Intelligenz eine Heimstatt gibt. Als eine Strategie im Kampfe des Überlebens kann sich die Intelligenz auszahlen, wenigstens für kurze Zeit. Was jedoch die Langzeitentwicklung der Intelligenz betrifft, so wird sie immer mehr zu einem Risikospiel für die Biosphäre, die ihr Gastrecht gibt, ein faustisches Geschenk für jene Spezies, die sie als ihren Besitz betrachtet. Intelligenz bedeutet, dass man seine Zukunft auf deren zuverlässigen Gebrauch setzt – aber Intelligenz ist eine Fähigkeit, die nicht notwendigerweise in zuverlässiger Art benutzt werden muss. Intelligente Spezies können sinnvolle Auswahlen treffen, ihre Entscheidungen können sich aber auch als falsch erweisen. Eine richtige Entscheidung führt zu einer höheren Lebensqualität und stellt das Überleben in wechselseitiger Harmonie mit der Umwelt sicher. Falsche Entscheidungen sind lebensverneinend. Einige sind nur ärgerlich, andere können für das Individuum, das sie trifft, fatal ausgehen und wieder andere können verhängnisvoll für die ganze Spezies sein – oder sogar für die ganze Biosphäre, in der sich diese Spezies entwickelten.

Ein denkendes Wesen zu sein ist eine Frage auf alles oder nichts. Wenn man als ein solches agiert, sollte man auch ein solches sein, konsequent und unbedingt. Aber sind wir auch wirklich denkende Wesen – oder nehmen wir nur den Mund zu voll? Diese Frage hatte nie so entscheidende Bedeutung wie gerade heute. Wenn in der Steinzeit ein Feuer außer Kontrolle geriet, so wurde ein Teil des Waldes oder der Savanne zerstört und einige Behausungen mussten aufgegeben werden. Die nomadischen Rotten des Sapiens konnten in unberührte Regionen entfliehen. Im Zeitalter der Moderne war der Aufruf „Zieht westwärts, Leute" noch ein sinnvolles Unternehmen. Man konnte immer noch neue, unberührte Landstriche finden. Heute ist die Situation anders. Die Kräfte, die die Menschheit freigesetzt hat, lassen keine Gegend dieses Planeten unberührt. Wenn wir sie weiter außer Kontrolle geraten lassen, wird es bald keinen Ort mehr geben, wohin wir fliehen könnten. Wenn wir nicht wirklich denkende Wesen sind, kann es sein, dass wir unsere übermächtige Technologie letztlich nur dazu benutzen, uns unser eigenes Grab zu schaufeln.

Der Menschheit stehen heute folgende Alternativen offen. Am einen Ende der Skala können wir zu einer vertieften Erkenntnis unserer selbst und der Welt gelangen, uns ihrer natürlichen und menschengeschaffenen Schönheit erfreuen, transzendente Bedeutungsinhalte erkennen und alle Früchte der Kultur und Zivilisation genießen. Das andere Extrem wäre, dass wir kollektiven Selbstmord begehen und ihn vielleicht sogar zu einem Mord am gesamten Planeten ausweiten.

Am gegenwärtigen Punkt der geschichtlichen Entwicklung unserer Spezies wird die Entscheidung zwischen diesen Alternativen unausweichlich. Der Preis, den wir für menschlichen Irrtum zahlen müssten, wäre massenhafte Auslöschung. Wir können noch immer die Hoffnung haben, dass das Glück unserer Spezies gewogen bleibt und die Entscheidungen, die wir treffen, zufällig die richtigen sein werden. Wenn wir uns dazu entschließen, die weitere Entwicklung der Menschheit sich selbst zu überlassen, brauchen wir nichts mehr zu sagen. Unsere Strategie wäre dann, so lange und so gut zu leben, wie wir nur können, und die Zukunft dem Zufall anheimzugeben. Es gibt jedoch eine Strategie, die größeres Verantwortungsbewusstsein zeigt und der wir uns anschließen könnten. Das würde bedeuten, dass wir unsere kollektive Entwicklung auf einen Pfad lenken, der das Überleben der Biosphäre und das menschliche Wohlergehen nicht einfach nur möglich sein lässt, sondern, wenn schon nicht mit Gewissheit, so doch mit einer großen Wahrscheinlichkeit eintreten lässt.

Intelligenz ist das größte Glücksspiel der Natur. Jede Generation spielt es und viel steht auf dem Spiel. Also, machen Sie Ihren Einsatz, meine Damen und Herren. Wenn wir es recht betrachten, so ist unser Einsatz unser Leben und das Leben unserer Kinder. Es wird höchste Zeit, dass wir diesen Einsatz unter Anwendung richtiger Intelligenz vornehmen.

Erster Teil

Die kommende Weggabelung

Kapitel 1

Wir werden uns entscheiden

Von einer kräftigen Lokomotive gezogen, gleiten die glitzernden Wagen des Nachtexpress über die Schienen. In den komfortablen Abteilen unterhalten sich die Fahrgäste, lesen, dösen oder spielen Karten. Eine Mutter versorgt ihr Kind, junge Leute singen leise zu den Klängen einer Gitarre. Vorne schaut der Lokomotivführer auf seine Uhr. Er ist gut in der Zeit, aber er freut sich schon auf die nächste Station und sein warmes Bett.

Tief in der Erdrinde steigt die Spannung an einer Verwerfungsspalte. Fels reibt sich an Fels. Jetzt widerstehen sie noch, aber nichts mehr kann verhindern, dass sich hier und da kleine Risse bilden. Wenn die Spannung den kritischen Punkt erreicht, wird ein Beben die Erde erschüttern, und die Schockwellen wird man über viele Kilometer spüren. In der Nähe der Verwerfungsspalte werden sie am stärksten sein. Nicht weit von ihr befindet sich die Schlucht, über die eine hohe Eisenbahnbrücke führt. Die schlanken Eisenbetonpfeiler sind fest in die Wand eingelassen und solide – solange der Fels selbst solide ist.

Schon lösen einige kleine Vorbeben Steine aus der Bergwand und lassen sie auf die Schienen fallen. Der Lokomotivführer schaut nach den rollenden Steinen und dann wieder zurück auf die Strecke. Alles scheint in Ordnung. Jetzt nähert sich die Lokomotive der letzten Kurve vor der geraden Strecke, die zur Brücke über die Schlucht führt. Im Speisewagen räumt der Kellner das Geschirr vom Abendessen weg. Verschlafene Passagiere reiben sich die Augen und fangen an, ihre Sachen zusammenzupacken. Die nächste Station ist nicht mehr weit.

Tief unten in der Erde steigt die Spannung jetzt schnell. Der kritische Punkt kann nicht mehr weit entfernt sein. Der Boden unter den Brückenpfeilern zittert und schwankt. Der Zug fährt jetzt auf den Damm, der zur Brücke führt ...

Diese Szene ist uns vertraut. Wir kennen sie aus Büchern, aus Filmen, vom Fernsehen. Die Spannung fesselt uns, aber wir wissen, dass sie auf Fiktion beruht. Kein Leben ist in Wahrheit bedroht, unseres am allerwenigsten. Ist eine solche Situation auch heute noch reine Fantasie oder ähnelt sie nicht in gewisser Weise unserer wirklichen Existenz?

Es gibt in dieser Geschichte Elemente, die eine beängstigende Ähnlichkeit mit den Zuständen unserer gegenwärtigen Gesellschaften haben. Wir bewegen uns auf einem Gleis der sozialen Veränderung und meinen, wir näherten uns dabei individuellen und kollektiven Zielen, die Bequemlichkeit und Wohlbefinden versprechen. Die in der Führerkabine sitzen, scheinen die Kontrolle über die Ereignisse zu haben, obgleich wir uns manchmal darüber beschweren, wie sie den Zug führen. Aber tief unten haben sich zahlreiche Spalten geöffnet. An der Oberfläche kann man diese Zeichen noch kaum wahrnehmen; man muss schon ein sehr aufmerksamer Zugführer oder Passagier sein, um die Kaskaden kleiner Steine zu bemerken, die sich von der Bergwand lösen. Es kann jedoch sehr wohl sein, dass wir uns jenem kritischen Punkt nähern, wo die Pfeiler unseres Lebens und unserer Gesellschaft nachgeben werden. Wird der Zugführer die Zeichen der Gefahr rechtzeitig bemerken? Wird er den Zug anhalten können und uns aussteigen lassen, solange wir noch auf festem Boden stehen?

Die Alternativen, die wir in der realen Welt haben, sind natürlich nicht ganz so extrem. Wir treffen nicht die Wahl zwischen einer Katastrophe und einem völligen Anhalten, sondern zwischen verschiedenen Möglichkeiten der Entwicklung. Auf der Strecke, die vor uns liegt, gibt es viele Abzweigungen. Wir brauchen nicht auf dem Gleis zu bleiben, auf dem wir jetzt fahren. Auf unserem Weg kann und wird es notwendigerweise Gabelungen geben und das Endergebnis braucht nicht traumatisch zu sein. Wir haben die Freiheit, auf verschiedene Zielpunkte zu schalten, manche sind schlechter, andere sogar besser als jene, auf die wir bisher unsere Hoffnungen setzten.

Unsere Bewertung der Situation legt nahe, dass wir nicht so weitermachen können wie bisher. Aber ist diese Bewertung überzeugend und stichhaltig? Unsere glitzernden Eisenbahnwagen laufen noch immer auf denselben Gleisen und unsere Zugführer behaupten, dass sie nichts wirklich Ungewöhnliches sehen, keine Instabilität, die sie nicht mehr kontrollieren könnten. Dies sollte uns jedoch nicht ein falsches Gefühl der Sicherheit geben. Nicht nur von Menschen gemachte Züge fahren zuweilen über versteckte Verwerfungslinien. Auch die Natur erzeugt oft den Anschein der Normalität, manchmal sogar bis zum

24

letzten Augenblick vor einer Katastrophe. Bis zu dem Tag, da die Wasserrosen auf dem Teich alles Leben darunter ersticken, scheint er dem Licht und der Luft gegenüber noch ganz offen zu sein. Wenn die Wasserrosen sich aber jeden Tag verdoppeln, bedeutet das, dass sie den Teich einen Tag, bevor sie ihn ganz ersticken, nur halb bedeckten. Was nun die lebensfähigen Systeme der Natur anbetrifft, so erreichen sie einen kritischen Punkt an Stress oder Sättigung und schwenken schließlich um. Solche Systeme finden dann einen neuen Weg, um weiter zu existieren und sich weiter zu entwickeln. Aber sind die Systeme der Geschichte lebensfähige Systeme dieser Art? Denn diese sind es, die vor einer Weggabelung stehen und daher einen neuen Weg der Entwicklung finden müssen.

Von komplexen Systemen von Spezies und Gesellschaften ohne Bewusstsein dürfen wir keine Vorausschau und kein Vorsorgeverhalten erwarten. Meistens entwickeln sich solche Systeme durch Reaktion: Es findet eine Mutation statt, d. h. sie bilden sich um, wenn der Druck eine kritische Schwelle erreicht. Wir Menschen aber sind zur Voraussicht fähig. Wir könnten die Entwicklung unserer Gesellschaft von der reagierenden auf die agierende Methode umstellen. Wenn wir das tun wollen, müssen wir allerdings eine sehr gute Vorausschau haben. Wir müssen beurteilen können, ob die Steine, die um uns herum den Berghang herabrollen, uns auf bevorstehende Entscheidungssituationen hinweisen.

Warum sollten wir annehmen, dass unsere Gesellschaft vor einer Art Erdbeben, vor einer grundlegenden Entscheidungssituation steht? Heute verstehen wir wohl besser als je zuvor, dass die Dinge nicht mehr lange so weiterlaufen können, wie sie es bisher getan haben. Wenn wir die Tendenzen des modernen Zeitalters linear fortsetzten, würden wir die Umwelt überlasten, das landwirtschaftlich genutzte Land überfordern, wirtschaftlich und vergleichsweise sicher nutzbare Energiequellen aufbrauchen, die Städte überbevölkern und Bedingungen schaffen, die sowohl für die Armen als auch für die Reichen und Mächtigen unerträglich würden. Wir stehen also vor einer Weggabelung, vor einer Entscheidungssituation, einer Bifurkation. Nicht die Frage, ob sie kommen wird, ist ungewiss, sondern ausschließlich ihr Zeitpunkt.

Die ersten Bifurkationen werden nicht durch äußere, planetarische Grenzen ausgelöst werden, sondern durch innere, soziale, wirtschaftliche und kulturelle. Sogenannte Bifurkationen können durch sehr verschiedene Ereignisse und Prozesse ausgelöst werden wie zum Beispiel durch das Zusammenbrechen des internationalen Finanzsystems, das schon heute durch die Schulden der Dritten Welt überlastet ist; durch Schwankungen bei den Wechselkursen oder Zusammenbrüchen am Aktienmarkt. Sie könnten ausgelöst werden durch Handelskriege zwischen großen Exportnationen, die um die Kontrolle sich verkleinernder Märkte streiten. Sie könnten durch Hungerepidemien freigesetzt werden, die sich in Afrika von der Sahelzone her ausbreiten und in Asien vom indischen Subkontinent und die wirtschaftlichen, sozialen und politischen Systeme der Region aus dem Gleis werfen. Sie können verursacht werden durch ideologische und politische Kräfte im Vorderen Orient, in Südasien, in Zentral- oder Südamerika. Sie könnten hervorgerufen werden, wenn die Konfrontation der Supermächte kritisch eskaliert. Sie könnten durch Umweltkatastrophen entfesselt werden, die durch technische Pannen ausgelöst wurden und weite Landstriche unbewohnbar und ihre Bevölkerung krank und hilflos machen. Und wenn sie durch keine dieser Ursachen heraufbeschworen werden, dann sicherlich durch die weltweiten Veränderungen des Klimas.

Müssen wir darauf warten, dass solche Krisensituationen entstehen, ehe wir tätig werden? Können wir die Tendenzen nicht erkennen und aus unserer Vorkenntnis heraus handeln? Wenn wir die Schrift an der Wand lesen, werden wir nicht darauf warten, dass uns das Dach auf den Kopf fällt und die einstürzende Wand uns erschlägt. Es gibt eine Vielzahl alternativer Wertvorstellungen und Ideale, die heute schon ans Licht drängen, viele neue Lebensweisen, Handlungsarten und Verhaltensformen sowie ein wachsendes Netzwerk von Beziehungen. Wir sollten sie daraufhin untersuchen, ob sie wünschenswert und praktikabel sind. Und dann sollten wir anfangen, jene zu unterstützen und zu entwickeln, die unseren Erfordernissen entsprechen. Wenn es zu einer Bifurkation kommt, werden alle praktikablen Ideen und Werte zum Tragen kommen. Jede könnte das zukünftige Schicksal mitgestalten und auf die Art und Weise, wie sich die Dinge entwickeln sollen, Einfluss nehmen.

Kapitel 2

Was ist „Bifurkation"?

„Jeder spricht über das Wetter, aber niemand tut etwas dafür", sagte Mark Twain. Dasselbe gilt für „Bifurkation". Viele sprechen heute darüber – besonders in Amerika und in wissenschaftlichen Kreisen –, aber nur wenige wissen, was es bedeutet. Bifurkation ist jedoch etwas, worüber man wirklich Bescheid wissen und wofür man dringend etwas tun sollte.

Ebenso wie Chaos ist Bifurkation ein Wort mit klaren Umrissen, das aber heute etwas anderes bedeutet als früher. Chaos bedeutete früher Unordnung und Verwirrung. Heute bezeichnet es eine fein abgestimmte, komplexe und äußerst empfindliche Art von Ordnung. Im Wörterbuch finden wir unter „Bifurkation" die Begriffe „Abzweigung" oder „Weggabelung" (vom Lateinischen *bi* für zwei und *furca* = Gabel). Heute kennzeichnet sie ein ebenso ungewöhnliches wie grundlegendes Verhalten von komplexen Systemen in der realen Welt.

Man könnte es eigentlich den Wissenschaftlern und Mathematikern überlassen, sich mit dieser neuen Bedeutung des Wortes auseinanderzusetzen, stünden wir nicht am Ausgang eines Zeitalters und am Beginn eines andern. Während das gegenwärtige Zeitalter zu Geschichte wird und ein neues heraufdämmert, wird es eine Periode des Übergangs geben, wo die komplexen Systeme, die wir erzeugt haben, sich so oder so entwickeln können: wir stehen also an der Weggabelung. Es könnte somit klug sein, sich zu informieren, was dies bedeutet – und vor allem, wie man damit fertig wird. Die Kenntnis der neuen Bedeutung von Bifurkation gehört zum Grundwissen unseres Zeitalters.

Das neue Verständnis für den Begriff Bifurkation leitet sich aus den noch jungen und nur Eingeweihten zugänglichen Zweigen der modernen Wissenschaft ab. Dazu gehören die nicht lineare Thermodynamik, auch Thermodynamik der irreversiblen Prozesse genannt, und die dynamische Systemtheorie, der neueste Ableger der klassischen Dynamik. Dies soll uns jedoch nicht Angst einflößen: Trotz ihres technischen Ursprungs ist die wissenschaftliche Bedeutung der Bifurkation leicht zu verstehen.

In der nicht linearen Thermodynamik – jener Naturwissenschaft, die sich mit der Dynamik und Evolution komplexer Systeme im Universum befasst – bezieht sich Bifurkation auf die Entwicklung von Systemen in Zuständen und Bedingungen, die weit von Linearität entfernt sind. In diesem Zusammenhang bedeutet Linearität nicht Gleichgewicht oder Ruhezustand. Sie bestimmt vielmehr einen dynamischen Zustand, in dem die inneren Kräfte eine produktive Spannung erzeugen, die das System daran hindert, in Trägheit zu verfallen. In Bereichen, die weit von einem solchen Gleichgewicht entfernt sind, finden plötzlich nichtlineare Prozesse statt. Sie tragen komplexe Systeme immer weiter entlang einer Bahn, die, wenn sie fortgesetzt wird, zur Evolution des Lebens und schließlich zum Auftauchen von Bewusstsein, Kultur und Zivilisation führt.

Bifurkation hat eine noch abstraktere, aber nicht weniger wichtige Bedeutung in der mathematischen Wissenschaft, die eine neue Bedeutung für den Begriff Chaos als eine komplexe und sensitive, unvorhersagbare Art von Ordnung geschaffen hat. In der dynamischen Systemtheorie bedeutet Bifurkation einen Phasenwechsel im Verhalten von mathematisch entworfenen Systemen, wenn sie sich von einer Gruppe von Attraktoren zu einer anderen bewegen. (Attraktoren sind begriffliche Einheiten: Sie definieren das besondere Muster, welches von Zuständen eines Systemes gezeichnet wird, wenn sie sich entlang einer Trajektorie – einer Zeitreihe oder Flugbahn – bewegen).

In diesen beiden Disziplinen und im wissenschaftlichen Gebrauch allgemein bezeichnet Bifurkation einen plötzlichen Wechsel der Richtung für die Evolution von Systemen. In den meisten Fällen zeigt die Art, wie ein System sich entwickelt, ein klar definiertes Muster. Das kann entweder Wachstum und Ausdehnung in gewissen Dimensionen oder Schrumpfung und Zusammenziehung in anderen Dimensionen sein. In der Bifurkation wendet sich das Muster in eine neue Richtung. In diesem Sinne hat die im Lexikon verzeichnete Bedeutung Bifurkation ihre *raison d'être*. Die Entwicklungsrichtung des Systems verzweigt sich, gabelt sich, sie bifurkiert.

Bifurkationen werden ausgelöst, wenn komplexe Systeme überbeansprucht werden – sie werden über ihre Stabilitätsschwelle hinausgedrängt. Bis zu diesem Punkt ist das Verhalten von Systemen relativ

28

geordnet – es gibt eine periodische Oszillation, eine Bewegung um oder in Richtung auf einen besonderen Zustand oder Stabilität in dem einen oder anderen Zustand. Aber jenseits des kritischen Punktes bricht die Ordnung zusammen; die Systeme entwickeln sich chaotisch: Ihr Verhalten ist nicht länger vorhersagbar, wenn auch trotzdem nicht völlig willkürlich.

In den meisten komplexen Systemen verändert sich ein Chaos schließlich in eine neue Art von Ordnung. Das Verhältnis zwischen der Ordnung vor und nach der Krise ist jedoch keineswegs einfach. Die Entwicklung von komplexen Systemen ist deutlich nichtlinear: Sie ist mit Bifurkationen gesättigt.

Wir können jetzt besser verstehen, warum diese Erkenntnisse heute von solcher Wichtigkeit sind – warum wir darüber Bescheid wissen und etwas dafür tun müssen. Die Begründung ist einfach und grundlegend. Wir selbst und unsere sozialen, wirtschaftlichen, politischen und ökologischen Strukturen, in denen wir leben, bilden ein komplexes System. Diese Strukturen entwickeln sich. Früher oder später kommt es zu einer Bifurkation. Unsere Welt unterliegt plötzlichen und überraschenden Phasenwechseln. Bifurkationen werden deutlicher wahrgenommen, finden häufiger statt und sind dramatischer, wenn die Systeme, in denen wir leben, dem kritischen Zustand der Grenzüberschreitung der Stabilität näherkommen – wenn wir gefährlich leben. Am Ende des 20. Jahrhunderts tun wir genau dies.

Es kann als sicher angenommen werden, dass bedeutende Bifurkationen unsere Welt noch zu unseren Lebzeiten erschüttern werden. Die Schrift leuchtet schon an der Wand: Nur jene, die mit dem Rücken zur Wand stehen oder den Kopf in den Sand stecken, können sie nicht lesen. Wir dürfen es aber nicht zulassen, dass diese Bifurkationen uns unvorbereitet treffen. In unserer Welt, die von gegenseitiger Abhängigkeit und technischem Fortschritt bestimmt wird, steht zu viel auf dem Spiel, als dass wir das Ergebnis dieser Bifurkationen dem Zufall überlassen dürften. Wenn sie nicht vorhergesehen und nicht bewusst gesteuert werden, können zukünftige Bifurkationen die ganze Menschheit zerstören. Sie können zu weiteren Ungerechtigkeiten führen, zu asymmetrischen Varianten der gegenseitigen Abhängigkeit, und kleine Konflikte können zu Flächenbränden eskalieren. Eine Bifurkation ist immer ein zweischneidiges Schwert. Auf der einen Seite ist es die Quelle und Ursache eines schöpferischen Chaos. Auf der an-

deren ist sie wie das Schwert des Damokles, das beim Herunterfallen alle vernichtet, die seinen Pfad kreuzen.

In der Natur ist es unmöglich vorherzusagen, welchen Weg die Bifurkation nehmen wird – der Prozess ist weder durch die Vergangenheit der Systeme noch durch ihre Umgebung determiniert. Er wird nur determiniert durch das Zusammenspiel mehr oder weniger zufälliger Fluktuationen in den Strukturen der kritisch instabilen chaotischen Systeme. Die eine oder andere Fluktuation, die die Systeme erschüttert, kann sich plötzlich konkretisieren. Solche Fluktuationen verstärken sich mit großer Geschwindigkeit und breiten sich über den Rest des Systems aus. In erstaunlich kurzer Zeit beeinflussen sie dessen Dynamik. Die neue Ordnung, die dann im Schoße des Chaos geboren wird, spiegelt die strukturellen und funktionalen Charakteristika der konkretisierten Fluktuationen wider.

Der gleiche Prozess spielt sich in der Gesellschaft ab, aber anders als in der Natur ist er hier nicht notwendigerweise unkontrollierbar. Schließlich sind die Hauptakteure, die die entscheidenden Fluktuationen in der menschlichen Gesellschaft bewirken, menschliche Wesen. Sie können die Bifurkation „von innen her" steuern, indem sie auf das sonst willkürliche Zusammenspiel der Fluktuation Einfluss nehmen.

Nun gibt es diese Fluktuationen in der Gesellschaft in verschiedenen Spielarten. Dazu gehören neue Lebensstile, alternative Verhaltensmuster, ökologische Bewegungen, Friedens- und andere neue Bewegungen, die nicht durch das Establishment abgesegnet sind. Wenn der Glaube an die herrschende Ordnung nachlässt, sprießen solche Bewegungen in großer Zahl auf. In kurzer Zeit können sie zu kritischen Faktoren werden, die die Zukunft der Gesellschaft bestimmen.

Perioden der Bifurkation schenken uns neue Dimensionen an Freiheit und Kreativität, wenn es um gesellschaftliche Wahlmöglichkeiten geht. Wir alle, der Durchschnittsbürger ebenso wie die Männer und Frauen mit Einfluss, können eine entscheidende Rolle spielen. Bifurkationen machen es uns möglich, die Wahrscheinlichkeiten in dem willkürlichen Spiel der Fluktuation zu unseren Gunsten zu ändern, indem wir die Bewegungen und Initiativen, die mit unseren Vorstellungen und Interessen übereinstimmen, verstärken. Wir bekommen wirklich die Gelegenheit, ein neues Zeitalter zu formen, das mit unseren Wertvorstellungen übereinstimmt.

30

Zu den Bifurkationen wird es zweifellos kommen. Sie werden das Ende eines Zeitalters ankünden und den Beginn eines neuen. Für verantwortungsbewusste Menschen ist es eine Herausforderung, die kommenden Bifurkationen so zu gestalten, dass sie uns in ein humanes Zeitalter der Gleichberechtigung und Freiheit führen statt in ein Zeitalter der Repressionen, der Ungerechtigkeiten und Verderbtheit. Dieser Herausforderung können wir uns stellen. Sie verlangt allerdings rechtzeitiges Handeln, welches auf soliden Kenntnissen basiert und von moralischer Betroffenheit motiviert wird. Wir müssen uns darauf vorbereiten, ein neues Zeitalter zu schaffen – ohne Furcht vor Versagen und ohne zu zögern.

Zweiter Teil

Ziele für das neue Zeitalter

Kapitel 3

Die dritte Strategie

Wenn ein Zeitalter eine Zeit der Unsicherheit und Angst genannt wird, wenn junge Leute lieber nicht über die Zukunft nachdenken – weder über ihre eigene noch die anderer Menschen –, wenn die meisten Dinge, die man ausprobiert, gegenteilige Wirkungen oder unerwartete Nebeneffekte zeigen, wenn die Massenmedien die „guten alten Zeiten" aufleben lassen – oft die sicherste Methode, um dem Publikum zu gefallen –, dann ist irgendetwas mit diesem Zeitalter ernstlich in Unordnung. Es kann sein, dass es mehr ist als nur eine vorübergehende Abnormität, ein schmerzlicher, aber nur zeitweiliger Verfall, nach dem alles wieder normal und verlässlich wird. Es mag aber auch sein, dass die Dinge sich so weiterentwickeln, dass sie immer weniger vorhersagbar und immer weniger sicher werden, dass sie sich immer schneller verändern und für eine Krise immer anfälliger werden. Es kann sein, dass wir das Ende eines Zeitalters erreicht haben.

Die meisten von uns verhalten sich so, als ob alles seinen normalen Gang ginge – abgesehen von einigen launischen, verrückten Vorkommnissen. Die meisten von uns erleben diese dann als bloße unliebsame Schocks. Eine Welt, in der Verbündete zu Feinden werden (wie im Iran), wo alte Feinde zu Verbündeten werden (wie China und vielleicht sogar die Sowjetunion), wo historische Konflikte zu einer dauerhaften Partnerschaft zusammengeschweißt werden (wie in Westeuropa) – eine solche Welt ist kaum eine Welt, die sich nur in ihren „normalen" Bahnen bewegt. Eine Welt, in der Atomkraftwerke zu einer Bedrohung für die Gesundheit von Millionen werden, denen sie eigentlich nützlich sein sollten, und wo fast alles, was für die Verbraucher hergestellt wird, einen Bestandteil enthält, der für die Gesundheit und das Wohlergehen schädlich ist, ist kaum als eine Welt zu bezeichnen, in der die Dinge schlicht „normal" verlaufen.

Was könnten wir nun tun? Könnten wir nicht entfliehen und aussteigen? Der Vorschlag ist interessant, aber er hat einen entscheidenden

Fehler: Es gibt keinen Ort, wohin wir noch gehen können. In den fortgeschrittenen Ländern dieser Welt gibt es keinen Zoll Boden, der sicher wäre vor Umweltverschmutzung, vor Verkehrsstau, vor Verbrechen, Krieg oder schlicht vor Langeweile und Entfremdung. Es gibt auch keine tropischen Paradiese mehr – sie sind entweder von Touristen überlaufen, oder die Entwicklungsländer sind darauf bedacht, dort die Segnungen der Zivilisation zu installieren. Sogar Wüsten, Ozeane und Bergtäler bekommen strategische Bedeutung als Orte, wo man militärische Anlagen errichten kann, als Schifffahrtslinien oder als Bergbaugebiete. Jeder Zoll bewohnbaren Landes wird von den Regierungen auf das eifersüchtigste gehütet, weil sie dem Prinzip der territorialen Souveränität anhängen. Aber gleichzeitig besteht die Gefahr, dass eine andere Regierung sie sich aus dem gleichen Grunde aneignen will. Jeder einzelne Teil der Oberfläche unseres Planeten kann innerhalb weniger Stunden von Bomben oder Raketen zerstört werden. Es gibt allerdings noch den Mond, aber die Aussicht, dorthin zu entfliehen, ist nicht gerade verlockend …

Nichts zu tun und darauf zu hoffen, dass die Welt sich weiter um ihre Achse drehen wird, scheint eine bequeme Alternative. Die Welt hat es immer geschafft, mit Schwierigkeiten fertig zu werden und wird es zweifellos auch weiterhin tun. Unglücklicherweise vernachlässigt diese Überlegung die Tatsache, dass die Menschheit es in der Vergangenheit sehr schlecht geschafft hat, mit den Problemen fertig zu werden, und es könnte sein, dass es ihr in Zukunft noch schlechter gelingt (man denke nur an die vielen blutigen Eroberungen durch die Barbaren, die tödlichen Pestepidemien, die Hungersnöte, die erbarmungslosen Unterdrückungen und den Terror und an die Kriege im Namen von allem Möglichen, angefangen vom Heiligen Gral bis zur kulturellen und rassischen Überlegenheit). Wie die Dinge heute stehen, könnten wir die Nahrungsmittel der ganzen Welt vergiften, die Weltvorräte an Energie und an natürlichen Rohstoffen aufbrauchen, die Lebensfähigkeit der planetarischen Umwelt schädigen und die ganze Weltbevölkerung nicht nur einmal, sondern zwanzigmal ausrotten.

Wenn wir das alles tun können, so besteht eine ernstzunehmende Aussicht, dass wir wenigstens einiges davon auch tun werden – vielleicht schon zu unseren Lebzeiten.

„Business as usual" wird immer weniger praktikabel. Die Welt anzuhalten und auszusteigen ist völlig unmöglich und die Vogel-Strauß-

Methode ist überhaupt nicht zu empfehlen. Vielleicht sollten wir einmal die Augen aufmachen und uns umschauen. Wir können dann eine Standortbestimmung vornehmen und feststellen, wie wir hierher gekommen sind und wohin wir weitergehen sollten. Dann können wir etwas in die neu bestimmte Richtung tun.

Es gibt viele Richtungen, in die wir gehen können. Das neue Zeitalter wird nicht das gleiche sein wie das heutige. Die zukünftige Welt wird im Schoße des kreativen Chaos geboren, und unter diesen Bedingungen haben alle Arten von Wertvorstellungen und Idealen die potenzielle Macht, die Entwicklung zu gestalten. Die Menschheit ist dazu gezwungen, Neuerungen einzuführen. Das Zeitalter, das an die Stelle der Moderne treten wird, wird völlig anders sein. Es wird aus dem sogenannten „Schmetterlingseffekt" hervorgehen.

Was aber ist der „Schmetterlingseffekt"? Er wurde ursprünglich in den sechziger Jahren vom Meteorologen Edward Lorenz entdeckt, als er dabei war, das Wetter der Welt in einem Computermodell zu simulieren. Es ist die Wirkung eines chaotischen Attraktors, der die Form eines Schmetterlings mit ausgebreiteten Flügeln hat. Das Weltwetter befindet sich in einem Zustand des permanenten Chaos und scheint durch diese merkwürdig aussehende Kreatur beherrscht zu werden, jedenfalls eher als durch einfache Punkte, Kurven und Ellipsen, die periodische Attraktoren von geordneten Systemen ausmachen. Da chaotische Attraktoren den höchst sensiblen Zustand kennzeichnen, den man normalerweise als Chaos bezeichnet, wurde der „Schmetterlingseffekt" später mit einer etwas fantasievollen Geschichte in Zusammenhang gebracht. Es handelt sich dabei um einen Königs-Schmetterling, der an der Küste von Südkalifornien entlangflog. Als er unerwarteterweise mit seinen Flügeln schlug, änderte sich in der darauffolgenden Woche in der Äußeren Mongolei das Wetter.

Ein Chaos, sowohl in der Gesellschaft wie in der Natur, ist außerordentlich sensibel. Die geringste Veränderung kann zur Reduzierung, Ausdehnung oder zum Umkippen der Dynamik eines Systems in einen neuen Zustand führen. Wenn das Weltwetter sich in einem Zustand des Chaos befindet, bedeutet das nicht, dass es völlig ungeordnet wäre. Seine Ordnung ist nur komplex, subtil und reagiert empfindlich auf die geringsten Variationen. Darum können die Treibgase aus Sprühdosen einen solchen Einfluss gewinnen, ganz zu schweigen von der Verbrennung von Holz, Kohle und Öl. Das Wetter ist nicht das einzige System, das sich in einem chaotischen Zustand befindet. Die kognitiven Zentren des menschlichen Gehirns sind ebenfalls ständig in einem chaotischen Zustand. Wegen dieser auf das Feinste geordneten Bedingungen kann das Gehirn auf geringste Veränderungen des Informations-Inputs mit größten Veränderungen des Befehls-Outputs an die Organe ansprechen. Gehirnzustände, die einem Chaos sehr nahe kommen, können besonders kreativ sein. Wissenschaftler und Künstler, Dichter und Propheten entwickeln ihre erhabensten Ideen und erhalten ihre größten Inspirationen in einem scheinbar völlig ungeordneten „veränderten Zustand des Bewusstseins", der für das Träumen, das Meditieren oder für die Trance typisch ist. Von Zeit zu Zeit gerät auch die menschliche Gesellschaft in einen chaotischen Zustand. Dieser Zustand ist nicht anarchisch, sondern reagiert äußerst empfindlich auf die geringsten Schwankungen. Er ist das Eingangstor für den Übergang von einem Zeitalter zu einem anderen und von einer Kultur zu einer anderen. Die Lähmung der menschlichen Gestaltungsmöglichkeit löst sich, sie wird befreit von der Sklaverei überlieferter Werte und Normen. Der innovativen Kreativität der Menschen sind völlig neue Chancen gegeben, sich zu manifestieren und Früchte zu tragen.

Ein hochsensitives Chaos, das an Bifurkationspunkten in der Gesellschaftsentwicklung auftritt, ist in Wirklichkeit hochsensitiv gegenüber *Werten*. Nicht die Gesetze und Regeln, auch nicht die religiösen Dogmen und Staatsideologien, sondern die neu sich bildenden Werte, Systeme und Ideale des Volkes sind die Schmetterlinge, die ihre Flügel schlagen und darüber entscheiden, in welche Richtung die Gesellschaft sich verändern soll.

Obgleich die Geschichte uns als ein unzusammenhängender Wirrwarr von Fakten und Ereignissen erscheinen mag, verändern sich doch menschliche Gesellschaften nicht völlig zufällig. Die neuen System- und Evolutionswissenschaften befähigen uns – wie wir noch zeigen werden –, im Geschichtsprozess Sinn und Vernunft zu erkennen. Es gibt ein Grundmuster, das sich in außerordentlich vielfältigen Variationen entfaltet, selbst wenn es dies mit vorübergehenden Rückschlägen und häufigen Überraschungen tut. Im Grunde unterliegen alle Fakten und Ereignisse der Geschichte einem übergeordneten, im großen und ganzen irreversiblen Fortschritt von relativ kleinen, einfachen, wenig Energie verbrauchenden Stammessystemen zu groß angelegten, viel komplexeren und sehr energieintensiven Nationen, Kulturen und Zivilisationen. Ein wirkungsvolles, verantwortungsbewusstes Handeln in der gegenwärtigen Welt erfordert, dass wir dieses Muster erkennen und in unseren Plänen und Projekten berücksichtigen.

Das Vorhandensein einer solchen „Logik der Geschichte" erniedrigt uns nicht dazu, unbedeutende Zähne in den Riesenrädern der Zivilisation zu sein. Die geschichtliche Logik ist nicht unabänderlich oder unbeeinflussbar. Sie besteht nicht aus ehernen Gesetzen, die uns im Griff halten, komme was da mag. Außerdem befinden wir uns als Menschenwesen in einer einzigartigen Situation. Wir sind bewusste Systeme innerhalb größerer Systeme, die sich nicht – oder jedenfalls noch nicht, zumindest aber nicht in bedeutendem Maße – ihrer selbst bewusst sind. Wir sind fähig zu denken und zu planen und können einen anderen Gang der Handlung ins Auge fassen. Die größeren Systeme, innerhalb derer wir leben und die wir mitgestalten, sind zu derartigen Taten nicht in der Lage. Es bleibt die Tatsache bestehen, dass wir sehr hoch entwickelte Teile innerhalb weniger entwickelter Ganzheiten sind.

Unsere Welt ist nicht eine Hierarchie, in der höhere Systeme über niedere herrschen, sondern eine „Holarchie" – sie wird durch flexibel miteinander verbundene, integrierte und sehr differenzierte Ganzheiten regiert: Familien und Stämme, Städte und Gemeinden, Nationen und Kulturen und die weltweite Gemeinschaft aller Nationen und aller Kulturen. In dieser gigantischen und komplizierten Holarchie sind die einzelnen Menschen die entscheidenden Elemente. Ihre Handlungen und Motivationen entscheiden darüber, welcher Entwicklungspfad in jedem der Systeme und auf jedem der verschiedenen Niveaus verwirklicht wird. Dieser Zustand ist wirklich einzigartig: In der Evolution andersartiger Systeme sind die Teile unbewusst und haben keine Möglichkeit, die Evolution des Ganzen, das von ihnen gebildet wird, zu beeinflussen. Die Natursysteme haben keine Möglichkeit, ihr kollektives Schicksal zu bestimmen, wohl aber die Menschen.

Wir sind also bewusste Teile in der sich entwickelnden Holarchie der Geschichte und haben nicht nur Anteil am Evolutionsprozess, wir sind die entscheidenden Elemente. Die Aufgabe, vor der wir stehen, ist nun, dass wir zweck- und zielbewusste Elemente werden, die sich ihrer entscheidenden Rolle bewusst sind. Das setzt voraus, dass wir nicht nur wissen, wie man in die uns umgebenden Gesellschaftssysteme eingreift, sondern dass wir auch wissen, was wir damit erreichen wollen. Und wenn wir das Ziel erkennen wollen, dem wir zustreben sollten, dann müssen wir zuerst unsere Bedürfnisse und Präferenzen kennen.

Im letzten Grunde verlangt die absichtsvolle Steuerung des Evolutionsprozesses, dass wir über ein bewusst vertretenes Wertesystem verfügen. Die Werte, die wir über alles andere setzen, werden auf die Ziele abfärben, die wir zu erreichen trachten, und damit werden sie auch die Strategien vorgeben, mit denen wir diese erreichen wollen.

Unter Berücksichtigung unserer Situation als bewusste Teile in einem einfacher strukturierten, aber größeren Ganzen scheint es zwei Strategien zu geben, die uns zur Verfügung stehen. Die eine wäre, unsere eigenen Interessen im Auge zu haben, die andere, die Evolution des größeren Ganzen, also der Gesellschaft, zu fördern. Jede dieser Strategien ist darauf gerichtet, eine besondere Art von Wertsystem zu verwirklichen. Wenn wir die Freiheit am höchsten schätzen, werden wir misstrauisch gegenüber hoch entwickelten Gesellschaftssystemen sein, wir werden uns vielmehr darauf konzentrieren, dass die Individuen das denkbar höchste Maß an Autonomie genießen. Wenn wir andererseits die Werte von Gerechtigkeit und Gleichheit am höchsten schätzen, werden wir nach zuverlässigen Sozialstrukturen suchen, um sicherzustellen, dass wir diese Ziele wirkungsvoll erreichen.

Der springende Punkt ist nun, dass diese zwei Strategien sich in der Praxis widersprechen können. Wenn wir nach Freiheit und Autonomie streben, so scheint das zu bedeuten, dass wir Sozialstrukturen in ihrer Wichtigkeit abwerten müssen, während wir die sozialen Strukturen aufwerten müssen, wenn wir Gerechtigkeit verbreiten und soziale Gleichwertigkeit herstellen wollen. Auf lange Sicht gesehen ist jedoch das, was für den einzelnen gut ist, auch für die Gesellschaft gut und umgekehrt. Es gibt für heutige Menschen kein Leben außerhalb von sozialen Systemen. Nur auf kurze Sicht ist die Situation keineswegs klar: Hier stehen wir vor einem Dilemma.

Es gibt keine Sicherheit, dass unsere unmittelbaren Interessen immer und überall mit den Evolutionsprozessen der Gesellschaft harmonieren. Wenn dieser Zusammenhang bestünde, wären wir frei, unsere eigenen Interessen zu verfolgen: Adam Smiths „unsichtbare Hand" würde zwischen den selbstischen Motivationen und dem Wohl der

Gesellschaft Harmonie herstellen. Wenn aber diese Übereinstimmung nicht eintritt, stehen wir vor einem Problem. Wenn wir nämlich nur die selbstischen Interessen verfolgen, kann das den Evolutionsprozess der uns umgebenden Strukturen erschüttern. Im Grunde wäre nichts dagegen einzuwenden, haben wir doch keinerlei Verpflichtung, die Prozesse der Geschichte zu fördern, insbesondere dann nicht, wenn sie gegen unsere Interessen verstoßen. Aber in der Praxis könnte dies gefährlich werden. Gesellschaften, deren Entwicklungsdynamik künstlich beschnitten wird, können sich als unfähig erweisen, das notwendige Gefüge an sozialen Beziehungen und technologischer Infrastruktur zur Verfügung zu stellen, das erforderlich ist, eine Lebensweise zu gewährleisten, die wir als unser Geburtsrecht ansehen. Wenn es außerdem keine automatische Verknüpfung zwischen den individuellen Interessen und der Gesellschaftsentwicklung gibt, funktioniert auch die entgegengesetzte Strategie nicht, nämlich die gesellschaftliche Entwicklung zu fördern. Innerhalb einer sich schnell entwickelnden Gesellschaft können die Menschen leicht ein gewisses Maß an Gerechtigkeit und Gleichberechtigung erlangen, aber vielleicht nur zu dem Preis, dass sie sich einer komplexen Struktur unterwerfen müssen, die ihre Freiheit und ihre Autonomie beschneidet.

Es ist ein echtes Dilemma. Es liegt in unserer Macht, einen dieser beiden Wege einzuschlagen. Wenn wir wollen, können wir die individuelle Freiheit fördern, ohne Rücksicht auf die Entwicklung der Gesellschaftssysteme, genauso wie wir die Entwicklung der Gesellschaft fördern können, ohne Rücksicht auf die Folgen, unter denen die einzelnen in diesem System leben und leiden müssten. Für eine gewisse Zeit wenigstens könnten wir die individuelle Freiheit und Autonomie bis aufs Äußerste steigern, während wir gleichzeitig die Entwicklung der Gesellschaft bremsen oder aufhalten. Wir könnten zum Beispiel die Größe, die Komplexität und die Dynamik der Gesellschaftsstrukturen, deren Teil wir sind, reduzieren. Wir könnten große Unternehmen abbauen, Großstädte evakuieren und selbstgenügsame Bauern- und Handwerkergemeinden bilden. Wir könnten vor allem die Technologien herunterschrauben. Unter dem Banner der ökologischen und „grünen" Bewegung tun wir schon etwas Derartiges in Ansätzen und es gibt auch genügend alternative Lebensstile, die sich der freiwilligen Einfachheit verschrieben haben und deren Schlagwort lautet „small is beautiful".

Andererseits könnten wir auch die Evolution der Gesellschaft beschleunigen. Dazu würde die Entwicklung einer Hochenergie-Technologie gehören, die Errichtung von noch mehr und noch größeren nationalen und supranationalen Institutionen und Unternehmungen, die Förderung des Informationsflusses, der Ausbau der weltweiten Kommunikationskanäle und die Unterordnung der wachsenden Strukturen unserer Systeme-in-Systemen unter die Herrschaft von internationalen Körperschaften. Auch diese Tendenz ist heute schon zu erkennen: Sie wird gefördert durch Ingenieure, durch multinationale Körperschaften, durch supranationale Organisationen, durch Weltbürger und durch Weltföderalisten. Jeder von ihnen fördert den Prozess auf seinem Gebiet und auf seine Art.

Im Großen und Ganzen ist die Menschheit auf die eine oder die andere dieser Strategien festgelegt und ist sich dessen nicht bewusst, dass jede nur funktionieren kann, wenn das Interesse des Einzelnen und das Wohl der Gemeinschaft immer zusammenfallen. Liberaldemokraten haben es darauf abgesehen, die Freiheit des Einzelnen bis aufs Äußerste zu steigern, ohne Rücksicht auf die Entwicklung der Gesellschaftssysteme, die eigentlich die Grundlage für ihre Existenz liefern. Sie glauben, dass Sozialstrukturen willkürliche Zwänge sind, die nach Wunsch verändert und beseitigt werden können. Sie behaupten, dass solche Strukturen im äußersten Falle das Ergebnis des „Sozialkontrakts" sind, in dem sich freie und autonome Individuen zusammengeschlossen haben, um die gemeinsamen Interessen besser verfolgen zu können. Auf der anderen Seite beabsichtigen die marxistischen Sozialisten, soziale Gleichheit und Gerechtigkeit herzustellen, und behaupten, der beste Weg dahin seien größere und machtvollere Gesellschaftsmechanismen, die kollektiv kontrolliert werden. Dabei weigern sich die Sozialisten einzusehen, dass Gleichberechtigung und Gerechtigkeit als die grundlegenden Interessen der menschlichen Individuen nicht notwendigerweise am besten zu erreichen sind durch pauschale Weiterentwicklung von Gesellschaftsstrukturen. Solche Strukturen können sich ihrerseits zu machthungrigen Mechanismen entwickeln, die die Freiheit unterdrücken, statt den Individuen mehr Möglichkeiten zu gewähren und die Menschenrechte zu garantieren.

Aufs Ganze gesehen, schwimmen die Liberalen gegen den Strom der Geschichte, der auf immer komplexere Strukturen zuläuft; die Sozialisten schwimmen mit ihm oder sind ihm sogar voraus. Die Sozialisten ignorieren aber die nachteiligen Auswirkungen, die entstehen, wenn man den Strom beschleunigt. Damit handeln sie den eigentlichen menschlichen Interessen ebenso entgegen wie die Liberalen. Zeigt die liberale Politik des Laissez-faire negative Auswirkungen auf lange Sicht, so zeigen sich die nachteiligen Auswirkungen des Sozialismus sofort. Wir alle wissen, dass zentral geplante Gesellschaften die individuelle Freiheit und Autonomie schmerzlich beschneiden.

Individuelle Freiheit und Autonomie – soziale Gerechtigkeit und Gleichwertigkeit: Dies sind ewige Werte der menschlichen Existenz. Die klassischen Formen des Liberalismus und des Sozialismus haben ihre Gültigkeit nicht dadurch verloren, dass sie diese Ziele hochhielten. Verloren gegangen ist stattdessen die Gültigkeit der klassischen Aktionsprogramme, die aus diesen Wertsystemen abgeleitet wurden. Das politische Programm des Liberalismus war im 17. und 18. Jahrhundert in Europa noch gültig, als neue Techniken radikal veränderte Bedingungen schufen, die die Herrschaft absoluter Monarchen unannehmbar und überholt werden ließen. Unter jenen Bedingungen machte der Slogan „Wer am wenigsten regiert, regiert am besten" noch durchaus Sinn. Er schuf den so wichtigen Raum für die individuelle Freiheit und Initiative. Aber seitdem haben sich die Bedingungen geändert; unsere Freiheit wird nicht länger durch die Macht erblicher Herrscher bedroht. Die Bedrohungen kommen vielmehr aus den Überraschungen und Ungewissheiten unserer komplexen Umwelt, deren Teile voneinander abhängig sind. Unter diesen Bedingungen würde das Festhalten am klassischen Lehrsatz des liberalen Laissez-faire nicht nur die Freiheit und das Wohlergehen einschränken, sondern auch Situationen hervorrufen, die gefährlich außer Kontrolle gerieten. Die „unsichtbare Hand" von Adam Smith würde sich in einen „unsichtbaren Fuß" verwandeln, der zu unerwarteten Zeiten und an unerwarteten Stellen schmerzliche Tritte verteilte.

In der Hitze der ersten industriellen Revolution wurden nicht nur die Lehrsätze des liberalen Laissez-faire geschmiedet; hier entstand auch das gegensätzliche Programm des marxistischen Sozialismus. Das sozialistische Programm spiegelt die radikalen Forderungen nach Gleichheit durch eine verarmte Bauernschaft wider, die von ihrem Land herunter und in die Sklaverei der Kapitalisten getrieben wurde. Will man ähnliche Forderungen heute wie damals durchsetzen, so kann das nicht dadurch geschehen, dass man das Privateigentum enteignet und die Entscheidungsmacht in die Hände einer politischen Partei legt. In fortschrittlichen Industriegesellschaften haben die Kapitalisten nicht mehr uneingeschränkte wirtschaftliche und politische Macht. Die Arbeiter werden nicht mehr schamlos ausgebeutet, denn im modernen Staat gibt es zahlreiche Vorkehrungen, die solche Extreme verhindern. Daher besteht in der heutigen Welt kein Bedarf für eine Revolution des Proletariats. Eine solche Revolution würde eher eine Bedrohung als eine Segnung darstellen. Sie würde sich nicht mehr nur innerhalb der Grenzen eines historisch reifen „Bourgeoisie-Staates" abspielen, sondern würde das empfindliche politische, soziale und militärische Gleichgewicht einer gegenseitig abhängigen Welt umstoßen. Der angemessene Weg, das menschliche Wohlergehen sicherzustellen, kann in der heutigen Zeit weder darin bestehen, für die Revolution der Arbeiterklassen in den Industriestaaten zu werben, noch eine Kettenreaktion hervorzurufen, die zum Sieg des Kommunismus und Sozialismus in der ganzen Welt führen würde.

Die Werte, die hinter dem Sozialismus wie hinter dem Liberalismus stehen, sind gültig, aber sie müssen vor den überholten, immer noch herrschenden politischen Programmen gerettet werden.

Am Ende des 20. Jahrhunderts müssen wir die Interessen des Individuums ebenso wie die Gesellschaftsentwicklung klar im Blick behalten. Und wir können das tun, denn wir haben eine dritte Strategie zur Verfügung. Es ist eine realistische Strategie, denn selbst wenn die unmittelbaren Interessen des Individuums und die evolutionäre Logik der Gesellschaft nicht automatisch übereinstimmen, sind sie doch auch nicht notwendigerweise Gegensätze. Es ist nicht nötig, das eine Ziel gegen das andere auszuspielen. Die dritte Strategie besteht darin, sie in ein kreatives Gleichgewicht zu bringen, das sowohl die Interessen des Individuums fördert als auch die Evolution der Gesellschaft sicherstellt.

Wie würde diese „dritte Strategie" praktisch aussehen? Wenn wir uns ein zutreffendes Bild von ihr machen wollen, sollten wir aufhören, auf der Stufe der Prinzipien zu diskutieren und uns den praktischen Gegebenheiten zuwenden. Das wollen wir in dem folgenden kurzen Gedankenexperiment tun.

Kapitel 4

Ziele zum Schutz des Individuums

1. Die Macht der Nationalstaaten einschränken

In seiner institutionalisierten Form datiert der moderne Nationalstaat vom Westfälischen Frieden 1648. Diese Idee hat sich im 17. und 18. Jahrhundert über ganz Europa verbreitet und verfestigt und in der großen Welle der Entkolonialisierung bis in die entferntesten Ecken der Welt ausgedehnt. Diese Entkolonialisierung war ihrerseits das Ergebnis des Zweiten Weltkrieges. Die Entwicklungsländer haben fast gegen jedes Konzept, das sie von ihren früheren Kolonialherren übernehmen mussten, protestiert, aber die Gültigkeit des Prinzips des souveränen Nationalstaates haben sie niemals angezweifelt. Die Folge ist, dass die heutige Weltgemeinschaft aus über 180 Nationalstaaten besteht und dass nur eine Handvoll Territorien nicht über diesen souveränen Status verfügt. Wir haben das inter-*nationale* System als eine feste Einrichtung unserer Welt akzeptiert.

Nach den größeren Bifurkationen in der Evolution der Gesellschaften am Ende dieses Jahrhunderts wird es keine zwingenden Gründe geben, das Nationalstaatensystem beizubehalten: Wir bekommen die Gelegenheit, etwas Neues an seine Stelle zu setzen, und gewinnen damit die Möglichkeit, neue Arten von sozialen, politischen und wirtschaftlichen Einheiten zu errichten. An der Basis erhalten wir so die Möglichkeit, Gemeinschaften von menschlicherer Größe zu bilden, in denen die Meinung jedes Einzelnen gehört werden kann. Auf jedem Lebensgebiet gibt es eine andere Form der Einheit. Es wird nicht mehr nötig sein, verschiedene Funktionen in einer Hand zu vereinen, und auch nicht, alle Macht der Entscheidung in die Hände einer Zentralregierung zu legen.

Es ist ein Fehler zu glauben, dass wir Menschen uns nur mit *einer* sozialen Einheit identifizieren können und mit keiner anderen. Wir brauchen nicht nur *einer* Fahne und *einer* Nation mit ganzer Ausschließlichkeit anzuhängen und wir brauchen auch nicht den Gedanken an ein einziges Vaterland hochzuhalten. Wir können mehreren sozialen Einheiten gegenüber Loyalität empfinden, ohne anderen gegenüber illoyal zu sein. Wir können unserer örtlichen Gemeinde gegenüber loyal sein, ohne die Loyalität der Provinz, dem Staat oder der Region gegenüber aufzugeben. Wir können Loyalität gegenüber unserer Region zeigen und uns auch mit einer Kultur eins fühlen, die einen Teil des Kontinents, den ganzen Kontinent und auch die ganze Menschheitsfamilie umfasst. Europäer sind gleichzeitig Engländer und Deutsche, Belgier und Italiener, und Amerikaner sind zur gleichen Zeit Neuengländer oder Texaner, Südstaatler oder vom Nordwesten am Pazifik. Ebenso könnten Menschen in allen Teilen der Welt eine engere und eine weitere Identität gewinnen und bewahren. Weder die Basisidentität noch die kontinentale Identität müssten sich auf die ausschließliche Anhänglichkeit an einen Nationalstaat gründen. Das heutige Europa ist kein Nationalstaat und doch gibt es schon diese weiter gefasste europäische Identität. Für den Europäer bringt die Zugehörigkeit zu Europa weder Verwirrung, noch ist sie Grund für widerstreitende Anhänglichkeiten. Ja, wenn die Engländer und die Deutschen, die Belgier und die Italiener nicht darauf bestünden, souveräne Nationalstaaten zu bilden, könnte ihr Europäertum sich viel reicher entfalten. Und wenn die Vereinigten Staaten von Amerika nicht darauf bestünden, für sich selbst die Souveränität eines Nationalstaates in Anspruch zu nehmen, könnten die regionalen Identitäten ihres eigenen Volkes sich viel leichter entwickeln. Das neue Zeitalter wird zentralistische Nationalstaaten nicht mehr nötig haben. Es braucht soziale Einheiten, die in ihrer Größe den Menschen angemessen sind. Ihre geringe Größe könnte immer durch Zusammenschlüsse und Übereinkünfte auf höheren Ebenen kompensiert werden.

Die erste Frage, die wir lösen müssen, lautet: Welche Staatsgröße ist wirklich dem Menschen angemessen? Über die optimale Größe der menschlichen Siedlung ist über viele Jahrhunderte debattiert worden, aber wenige historische Vorstellungen – wenn überhaupt welche – sind in die Praxis umgesetzt worden. So hat zum Beispiel Plato das Ideal in einem Stadtstaat mit etwa 500 Personen gesehen, aber das ist viel zu klein für die dicht bevölkerte Welt von heute und morgen. Seine Hauptsorge, dass nämlich das Stadtgebiet dort aufhören sollte, wo die menschliche Stimme nicht mehr hinträgt, ist längst überholt. Moderne Kommunikationstechniken können die Stimme des einzelnen über große Entfernungen tragen und es ermöglichen, dass große, weit verstreute Menschengruppen miteinander in Verbindung treten. Neuere Überlegungen sind ebenso unnötig einengend gewesen: Ebenezer Howards Stadt der 32 000 wird für das neue Weltzeitalter immer noch zu klein sein. In einer Welt, die mit neuen Kommunikationsmitteln ausgestattet ist und die mehr als acht Milliarden Menschen aufnehmen soll, müssen und können viel mehr Menschen eine gemeinsame städtische Umwelt teilen. Aber auch die besten Kommunikationstechniken können das Problem der städtischen Riesenkomplexe nicht lösen: Verbrechen, Überbevölkerung, hohe Lebenshaltungskosten, unpersönliche Lebensbedingungen und ein angespannter Arbeitsmarkt. In Nordamerika und Europa hat man Studien über die „Bewohnbarkeit" angestellt und ist zu dem Ergebnis gekommen, dass nur wenige Städte, die über eine Million Einwohner haben, es fertig bringen, für diese gute Lebensbedingungen zu schaffen. Aber etwa bei dieser Größe kann eine städtische Umwelt wirtschaftliche, soziale und kulturelle Vorteile vereinen, den Vorzug von erträglichen Entfernungen bieten und es ermöglichen, ein Gefühl der Gemeinschaft zu entwickeln.

Städte sind aber natürlich nicht die einzige soziale Basiseinheit. Nicht alle Menschen wollen oder müssen in einer städtischen Umwelt leben. Städte, die von ihrer ländlichen Umgebung losgelöst sind, werden zu künstlichen Wesenheiten, die unfähig sind, ihrer Bevölkerung physische und geistige Erfüllung zu bieten. Bauernhöfe, Dörfer, kleine und mittelgroße Städte müssen diese Großstädte ergänzen und damit integrale und soziale Einheiten schaffen, die Vielfalt ebenso bieten wie ethnische und kulturelle Einheit. Ein dem Menschen angemessenes Gemeinwesen besteht sowohl aus städtischem als auch aus ländlichem Umfeld und verbindet die Verschiedenartigkeit dieser Siedlungsformen mit den Vorteilen von beiden.

Die optimale Größe für eine Siedlungsgemeinschaft im neuen Zeitalter scheint also zwischen den Dimensionen des klassischen Stadtstaates und des modernen Nationalstaates zu liegen. Eine Gemeinschaft, die mehr als 50 bis 60 Millionen Seelen umfasst, hat sich oft als zu groß erwiesen. Die Außenbezirke lösen sich vom Zentrum; Vielfalt kommt mit der Einheit in Konflikt; es ergeben sich strukturelle Ungleichgewichte zwischen Armen und Reichen, zwischen Stadtbewohnern und Landbewohnern. Gemeinschaften in menschlich erträglicher Größe brauchen einige Millionen Menschen, aber nicht hundert, geschweige denn tausend Millionen, wie in China oder bald in Indien. Heutige Nationalstaaten, die es fertig bringen, ein gewisses Maß an organischer Einheit zu bewahren, haben Bevölkerungen in diesem gemäßigten Umfang, zum Beispiel die Engländer, die Franzosen, die Holländer, die Finnen, die Ungarn und die Österreicher – um einige wenige aus Europa zu nennen. Auch kulturelle Untergruppen innerhalb von Nationen bewegen sich in diesen Dimensionen, Neu-Engländer, Texaner und jene vom pazifischen Nordwesten, um nur einige Beispiele aus Nordamerika zu zitieren. Es wäre klug, wenn man im neuen Zeitalter einiges von der Souveränität, die früher im Nationalstaat beschlossen war, auf diese sozialen Einheiten von menschlicheren Dimensionen übertrüge.

Die Dezentralisierung der Nationalstaaten, aus denen Teile der Souveränität an übergeordnete *und* untergeordnete Körperschaften übertragen werden, ist vielleicht ein primäres, aber gewiss nicht das einzige Ziel der dritten Strategie: Es gibt verwandte Ziele auf dem Gebiet der praktischen Politik.

2. Die Macht der Politiker einschränken

Politik – die Regelung der Interaktion in einer organisierten Gemeinschaft – ist für die Menschheit immer erforderlich. Aber die Politik und die Politiker können verschiedenen Zwecken dienen. Sie können dem erblichen Herrscher dienen, dem Militärdiktator oder dem gewählten Partei-Führer. Sie können machtvollen Lobbys dienen und Sonderinteressen. Selbst wenn sie gute Absichten haben, können sie durch falsche Wahrnehmungen und unvollständige Informationen fehlgeleitet sein. Aber Politik kann auch den wahren Interessen des Volkes dienen, obgleich das in der dokumentierten Geschichte nicht häufig der Fall war.

Politische Systeme haben oft mit hohen Idealen begonnen, um dann als selbstherrliche, autoritäre Systeme zu enden. Das ist bei fast allen neuen Regimes der Fall gewesen, die in Europa seit der Französischen Revolution an die Macht kamen, einschließlich derer von Robespierre, Napoleon und Lenin. Andere, wie zum Beispiel die Regime von Franco und Mussolini, erschienen nur zu Beginn harmlos und das von Adolf Hitler war von Anfang an vom Teufel.

Die nationalstaatliche Form der Regierungsführung neigt dazu, zu einem Kampf um politische Macht und persönliche Vorteile zu degenerieren. Moderne nationale politische Maschinerien haben eine ärgerliche Tendenz, sich in zaristische Systeme der einen oder anderen Art zu verändern, regiert von einer charismatischen Figur, die mehr daran interessiert ist, die eigene Macht zu konsolidieren als dem Allgemeinwohl zu dienen. In gemäßigter Form war und ist dies auch für die liberale Demokratie zutreffend.

Die Vereinigten Staaten, oft als ein Modell für Demokratie und Freiheit hochgehalten, erlauben dem Amt des Präsidenten, ein erschreckend großes Maß an Macht in Händen zu halten. Die Lektion von Watergate hat wenig dazu beigetragen, diese Macht zu begrenzen. Der Präsident kann sein eigenes Kabinett ernennen und die Innen- und Außenpolitik seiner Administration bestimmen. Das System der Kontrolle und Gewaltenteilung dient nur dazu, ihn von extremen Auswüchsen zurückzuhalten. Trotz der Macht des Kongresses und des mehr feinsinnigen Einflusses der öffentlichen Meinung bleibt die Macht des Präsidenten groß und manchmal fast imperial.

Natürlich wirken die Vereinigten Staaten, verglichen mit den meisten anderen Ländern insbesondere auf der südlichen Halbkugel, moderat und demokratisch. In Mexiko zum Beispiel ist der Präsident eher ein Zar als ein demokratisches Staatsoberhaupt. Während seiner sechsjährigen Amtszeit konzentriert er genug Macht in seinen Händen, um nicht nur der unwidersprochene Führer seines Landes zu sein, sondern auch dessen reichster Bürger zu werden.

Die „Zaren" der zentralamerikanischen Bananenrepubliken und vieler afrikanischer und asiatischer Länder sind wohlbekannt für ihren Machthunger und ihre Geldgier. Ihre Hauptsorge scheint zu sein, sich die Taschen zu füllen, solange sie im Amt sind, und genug Einfluss für die Jahre danach zu gewinnen, um ein sorgenfreies und reiches Leben führen zu können.

Will man die Freiheit des Einzelnen sichern, so wird man dafür sorgen müssen, dass nicht nur die Souveränität der Nationalstaaten eingeschränkt wird, sondern auch jene der sich selbst versorgenden Politiker. Die zweite Forderung mag ziemlich utopisch klingen. Wir sind daran gewöhnt zu sagen, dass Macht korrumpiert. Selbst wenn wir in unserer modernen Zeit keine absolute Macht und daher auch keine absolute Korruption mehr haben, so gibt es noch genügend relativ mächtige und relativ korrupte Politiker.

Um dieses Problem zu lösen, müssen wir nicht die menschliche Natur ändern, sondern die Natur der menschlichen Gesellschaft. Die Gemeinschaften im neuen Zeitalter können sehr wohl noch demokratischer sein, als es heute die großen, zentralistischen Nationalstaaten sind. Ihre Führerschaft, die dann weniger Souveränität hätte, hätte damit auch weniger Boden für Allmachts-Illusionen. Die Politiker würden demokratisch gewählt sein, sie würden fortschrittliche Kommunikationsmethoden nutzen, um ihr Volk zu informieren und von dessen Ratschlägen zu profitieren. Wenn wir kleine, flexible administrative Systeme errichteten und die Amtszeit der Politiker verkürzten, könnte der Dienst auf einem politischen Posten als eine Bürgerpflicht angesehen werden, so, wie es die Tätigkeit in einem Geschworenengericht heute schon ist. Mit Schutzmaßnahmen gegen die Ausübung unrechtmäßiger Macht und die Aneignung unrechtmäßiger Gewinne könnte die Gemeinschaft die Regierung wenigstens vor den schädlichsten Formen der Korruption bewahren.

3. Die Macht der Wirtschaft einschränken

Neben den Einschränkungen für die Macht der Politik und der Nationalstaaten muss die dritte Strategie noch weitere Ziele ins Auge fassen, um die Freiheiten des Individuums und der Gemeinschaft sicherzustellen. Eine wichtige Sorge wird es sein, die gegenseitigen Abhängigkeiten abzubauen, in die unsere Wirtschaft weltweit im 20. Jahrhundert geraten ist.

Wie gründlich unsere Wirtschaft globale Dimensionen angenommen hat, wird nicht immer erkannt. Die Nahrung, die wir essen, die Kleider, die wir tragen, die Dinge, die wir benutzen, und die Autos, die wir fahren, sind nicht nur in weit entfernten Ländern produziert worden, sondern auch die Einzelteile, aus denen sie zusammengesetzt sind, kommen aus vielen Teilen der Welt. Ein Wagen aus den USA kann zum Beispiel japanische Zündkerzen haben und die Zündkerzen selbst können aus Rohmaterial hergestellt worden sein, das am anderen Ende der Welt geschürft worden ist. Kupfer kommt aus Chile, Peru, Sambia und Zaire (diese Länder besitzen etwa 80 Prozent der Weltreserven) und gelangt in den Rest der ganzen industrialisierten Welt, während das meiste Bauxit aus Guinea, Jamaika, Australien und Surinam kommt und das meiste Zinn aus Malaysia und Bolivien. Informationen breiten sich über alle Grenzen hinweg aus, unabhängig von den Protesten vieler nationaler Regierungen, dass „grenzüberschreitender (Informations-)Verkehr" ihre souveränen Rechte einschränkt. Auch der Strom der Menschen auf Geschäfts- oder Vergnügungsreisen ist nicht weniger weltumspannend. Reisen und Tourismus sind zu einem Schlüsselbereich der Wirtschaft geworden, und viele Länder werden immer abhängiger von den Devisen, die sie dadurch einnehmen.

Obgleich das Wirtschaftssystem des 20. Jahrhunderts weltweite Ausmaße angenommen hat, wurden noch keine ausreichenden Kontroll- und Regulationsmechanismen entwickelt. Natürlich gibt es Wirtschaftsorgane und besondere Einrichtungen, die den Vereinten Nationen angeschlossen sind, aber sie sind nicht dazu in der Lage, Strömungen und Prozesse der Weltwirtschaft zu regulieren. Körperschaften wie die Weltbank, der Internationale Währungsfonds, das GATT und die Konferenz der Vereinten Nationen für Handel und Entwicklung (UNCTAD) sind auf gewissen Gebieten einflussreich, aber nicht fähig, wirksame Kontrollen über weltweite Wirtschaftsentwicklungen wahrzunehmen. Dies ist vielleicht auch gut so, denn ein autoritatives, weltweites Wirtschaftsorgan würde über einzigartige Macht in der Welt verfügen.

Eine weltweite Wirtschaftsautorität ist auch im neuen Zeitalter nicht wünschenswert. Einschränkungen werden auch auf wirtschaftlichem Gebiet notwendig sein. Unbegrenztes Wachstum und ungerechtfertigte Konzentration von Macht müssen in der Wirtschaft des neuen Zeitalters nicht weniger vermieden werden als in der Politik. Statt darüber nachzudenken, eine weltweite Wirtschaftsautorität zu errichten, wäre es weiser zu überlegen, wie wir das weitere Wachstum der Wirtschaftsakteure wirkungsvoll begrenzen könnten. Ein dezentralisiertes politisches Weltsystem braucht eine dezentralisierte Wirtschaft, die sich an den Bedürfnissen der lokalen und autonomen

Bevölkerung ausrichtet. Eine dezentralisierte Weltwirtschaft könnte wirklich geschaffen werden, vorausgesetzt einige Grunderfordernisse werden berücksichtigt und einige entscheidende Beschränkungen auferlegt.

Das erste Erfordernis ist, dass die lokalen Bedürfnisse durch die lokale Produktion befriedigt werden. „Lokal" wäre im wirtschaftlichen Bereich anders und in einigen Fällen auch weiter zu fassen als im sozialen und politischen. Wir können als „lokal" jene Regionen ansehen, in denen die menschlichen Gemeinwesen gemeinsam ihre natürlichen, menschlichen und finanziellen Hilfsquellen nutzen. Die Gemeinden innerhalb einer solchen Region könnten sich zu wirtschaftlichen Einheiten zusammenschließen und würden damit dem Beispiel folgen, das im Nachkriegseuropa durch die Gemeinschaft für Kohle und Stahl errichtet wurde, dem Vorläufer der heutigen Europäischen Gemeinschaft.

Die Tätigkeiten solcher regionaler Wirtschaftsgemeinschaften könnten dem Bedürfnis und den Anforderungen der Gemeinden angepasst werden, aus denen sie gebildet sind. Der Handel zwischen den Regionalwirtschaften könnte auf jene Sektoren begrenzt werden, in denen eine Wirtschaft nicht Selbstgenügsamkeit erreichen kann, während eine andere einen Überfluss herauswirtschaftet. Der Welthandel würde nicht aufhören, denn es gibt viele solche Bereiche. Mangel und Überfluss in der Produktion werden durch geografische, klimatische und menschliche Faktoren beeinflusst sowie durch die Größe und die Qualifikation des Arbeitsmarktes, die Verfügbarkeit angemessener Technologien, die adäquate Finanzierung, um nur einige zu nennen. Holz kann zum Beispiel nicht in genügender Menge in Wüstenregionen produziert werden. Tropische Früchte wachsen nicht im nördlichen Klima und die Herstellung von „Hightech"-Artikeln hängt davon ab, ob die nötige Infrastruktur vorhanden ist und die Arbeitskräfte willig und diszipliniert sind.

Ähnliche Einschränkungen sind auch beim Wachstum der Unternehmenseinheiten zu beachten. Im neuen Zeitalter sollten Unternehmen nicht Weltmaßstab erreichen. Wenn sich Riesenunternehmen entwickelten, würden sie mit den sozialen Gemeinschaften in Kampf geraten und diese, da sie nur von begrenzter Größe sind, wären nicht in der Lage, ihre Interessen zu vertreten. Es sollte den Wirtschaftsunternehmen genügen, in ihrer eigenen Wirtschaftszone aktiv zu sein und ihren Handel durch die Wirtschaftsunion abzuwickeln, die für ihre Zone zuständig ist.

Die wirtschaftliche Ausbeutung der Energiequellen bedarf besonderer Maßnahmen. In einigen Jahrzehnten werden die wichtigsten Lagerstätten von Öl und Erdgas weitgehend erschöpft sein. Die teurere Ausbeutung zweitrangiger Lagerstätten sollte besser dem Bedarf der pharmazeutischen und chemischen Industrie vorbehalten bleiben. Das Verbrennen fossiler Brennstoffe wird in jedem Fall verboten werden, weil der Umweltschutz dieses erfordert. Daher verbleiben uns hauptsächlich zwei alternative Energien: der harte Pfad der Kernenergie und der weiche Weg der Sonnenenergie oder sonstiger erneuerbarer Energiequellen. Die Wahl zwischen beiden ist zu bedeutsam und entscheidend, als dass sie allein wirtschaftlichen Überlegungen überlassen bleiben könnte. Das Ziel muss sein, den menschlichen Bedürfnissen gerecht zu werden und nicht einfach große Mengen von billiger Energie herzustellen. Der Preis und die Menge werden zwar wichtige Faktoren bleiben, aber nicht die einzigen. Es müssen zusätzliche Überlegungen mit einfließen, zum Beispiel die regionale Selbstversorgung in Bezug auf Energie und der Zugang zur Technologie. Das trifft besonders für die Kernenergie zu. Mit den Fusionsprozessen – von denen man annehmen kann, dass sie bis zum Jahre 2020 wirtschaftlich nutzbar gemacht werden können – würde uns eine Form der Kernenergie zur Verfügung stehen, die praktisch unbegrenzt ist. Sie muss aber auch den potenziellen Benutzern erreichbar sein. Wenn man sich nur auf zentralisierte Einrichtungen verlässt, die eine sehr teure Technik erfordern, würde dies die lokale Autonomie mindern und die regionale Selbstversorgung verhindern.

Die Wirtschaftspolitik muss auf Überlegungen aufbauen wie Zugänglichkeit, Sicherheit und Selbstständigkeit der Produktionssysteme in Ergänzung zu Überlegungen in Bezug auf Menge und Preis. Damit kleinere Fusionsreaktoren wirtschaftlich betrieben werden könnten, müssten sie in genügender Menge hergestellt und so finanziert werden, dass alle Gemeinschaften sie sich leisten können, nicht nur die reichen. Aber aufs Ganze gesehen werden die sanften Energien den Erfordernissen der neuen Welt des 21. Jahrhunderts besser entsprechen als die heutigen kapitalintensiven, hochtechnologischen Lösungen. Erneuerbare Energien sind sicher und überall zugänglich. Wenn wir sie nutzen, leben wir vom Energieeinkommen des Planeten, nicht von seinem Energiekapital. Solche Techniken sind nicht rückständig; obgleich im Betrieb und im Unterhalt einfach, sind sie doch sinnreich und hochentwickelt.

Solarbetriebene Küchengeräte und Heizungen, Sonnenpumpen, Generatoren, die mit Biomasse angetrieben werden, Windmühlen und Dutzende von ähnlichen Methoden können jene Energien nutzen, die in der Natur allgegenwärtig sind, und sie können einzeln oder im Verbund genutzt werden. Wenn die Menschen nicht länger in Riesenstädten wohnen und nicht länger eine verschwenderische Fülle unnötiger Waren in industriellen Ballungszentren produzieren, dann können die noch zu entwickelnden Methoden der erneuerbaren Energie durch lokale kleine Fusionsreaktoren ergänzt werden. Diese Mischung der Technologie würde die Energiequellen dem Endverbrauch gut anpassen und dazu beitragen, dass alle Wirtschaftsgemeinschaften in Bezug auf Energie unabhängig werden können.

Kapitel 5

Ziele zur Entwicklung der Gesellschaft

Wenn wir die Souveränität der Nationalstaaten abbauen, die Macht der Politiker begrenzen und den Spielraum der Machthaber in der Wirtschaft einschränken, haben wir damit Schritte unternommen, die Freiheit des Einzelnen zu sichern und die Autonomie der Gemeinschaft zu gewährleisten. Aber für sich genommen sind solche Einschränkungen noch nicht ausreichend. Sie würden die Gesellschaft aufsplittern und spalten und sie zu Einheiten führen, die nur scheinbar unabhängig wären; sie würden zu einem Mosaik und nicht zu einem System von regionalen Wohnräumen führen. Als ein Ideal wäre dies wunderbar, aber in der Praxis würden sich deutliche Mängel zeigen. Es würde bedeuten, gegen den Strom zu schwimmen, und würde der Logik der Geschichtsentwicklung direkt widersprechen. Früher oder später wären solche Versuche notwendigerweise zum Scheitern verurteilt. Die weltweiten Netzwerke, die wir in unserer Zeit errichtet haben, sind evolutionäre Erscheinungen, und die Uhr der Evolution kann nicht mehr zurückgestellt werden. Wir können die weltweiten Verbindungen des 20. Jahrhunderts nicht ungeschehen machen, so wenig man ein halbgekochtes Ei wieder roh bekommt. Es ist nicht die Absicht der dritten Strategie, die Menschheit wieder ins Mittelalter zurückzuführen, wo es fast unabhängige Lehensherrschaften und Fürstentümer gab, sondern sie aus den instabilen und asymmetrischen gegenseitigen Abhängigkeiten des 20. Jahrhunderts hinauszuführen. Die richtige Strategie ist nicht, die Evolution der Gesellschaft anzuhalten, sondern sie in optimale menschliche Wege zu kanalisieren.

Daher müssen die Einschränkungen in einem Zusammenhang gesehen werden. Der Zusammenhang ist die Gesellschaft, die sich auf vielen Ebenen der Organisation und der Interaktion entwickelt, von der örtlichen bis zur weltweiten Ebene. Weltweite Verbindungen und Ströme funktionieren schon, aber bis jetzt entsprechen sie noch nicht auf lange Sicht dem menschlichen Interesse. Damit sie es tun können, müssen die Verbindungen und Strömungen besser beherrscht werden.

Und damit sie besser beherrscht werden, dürfen wir es nicht länger zulassen, dass wir uns in sie verstricken. Das ist der Hauptgrund, warum die gegenseitigen Abhängigkeiten reduziert werden müssen und darum ein höherer Grad an lokaler Autonomie erreicht werden muss. Wer selbstbewusst handelt, kann nicht zu einer ahnungslosen Marionette werden. Im neuen Zeitalter können Gemeinschaften menschlichen Ausmaßes globale Prozesse selbst regulieren. Sie haben genug Autonomie, um aus Verbindungen untereinander Verbindungen füreinander zu machen.

Hieraus ergibt sich die Logik einer zweiten Serie von Schritten, die mit den Einschränkungen der ersten Serie verbunden werden müssen. Das Ziel, das dieser zweiten Serie zugrunde liegt, besteht darin, eine Weiterentwicklung der globalen Strukturen sicherzustellen, die sich im späten 20. Jahrhundert herauskristallisiert haben. Um dieses Ziel tatsächlich zu erreichen, muss man neue und umfassende Formen der Kooperation entwickeln. Diese Zusammenarbeit muss die Gemeinschaften an der Basis zusammenführen ebenso wie die Weltfamilie der Nationen. Der Ausdruck „Eintracht" kennzeichnet diese neue Form der Zusammenarbeit. In diesem Zusammenhang bedeutet „Eintracht" die Verbindung zwischen autonomen Einheiten, die sich an ihren gegenseitigen Interessen orientieren. Diese Eintracht müsste so schnell wie möglich auf vielen Gebieten hergestellt werden, vor allen Dingen in der Wirtschaft, in der Sicherheit und in unserem Zusammenspiel mit der Natur.

4. Harmonisierungsmodelle der wirtschaftlichen Zusammenarbeit

Keine soziale Einheit der optimalen Größe – die 50 bis 60 Millionen Seelen nicht übersteigt – kann wirtschaftlich selbstständig sein. Bestenfalls kann sie autark sein, was bedeuten würde, dass sie sich eigensüchtig nach außen abschirmt. Aber Autarkie kann kaum je mit Selbstständigkeit harmonieren: Eine geschlossene Gemeinschaft wird höchstwahrscheinlich nie in der Lage sein, allen Bedürfnissen und Anforderungen ihrer Bevölkerung zu genügen. Weder ihre natürliche Umwelt noch ihre Ausstattung mit Finanzen oder Arbeitskräften werden ausreichend sein. Eine autarke Abschließung ist nicht die Methode, mit einer wirtschaftlichen Abhängigkeit von außen fertig zu werden. Ein besserer Weg ist es, größere und vielseitigere Wirtschaftseinheiten durch harmonische Zusammenarbeit zu entwickeln, was allen Beteiligten nur Vorteile bringen würde.

Es gibt viele Vorteile aus einer regionalen wirtschaftlichen Zusammenarbeit. Große Wirtschaftsregionen wie Subkontinente oder ganze Kontinente werden wahrscheinlich genügend vielfältig sein, um einen entscheidenden Grad von Selbstversorgung zu erreichen. In den meisten Fällen sind sie durch die Natur genügend gut ausgestattet: Flüsse, Kanäle, Küsten ebenso wie Erze und sonstige Mineralien, verschiedene Arten von landwirtschaftlich nutzbaren Bodenflächen, eine Vielzahl von menschlichen Begabungen und Technologien. Sie bieten schließlich auch gerade noch ausreichend überschaubare Wirtschaftseinheiten. Ähnliche Überlegungen haben dazu geführt, dass die Staaten Europas sich 1992 zu einem gemeinsamen Markt zusammenschließen. Bemühungen zu regionaler wirtschaftlicher Zusammenarbeit in anderen Teilen der Welt haben die gleiche Motivation. Verschiedene Arten wirtschaftlicher Zusammenschlüsse funktionieren schon in Zentral- und Südamerika, in Südostasien und zwischen den pazifischen Randstaaten.

Einige Dutzend regionaler Wirtschaftsgemeinschaften wären gut in der Lage, weitere harmonische Verbindungen untereinander zu schaffen. Jede Gemeinschaft wäre genügend autark, um nicht von den anderen abhängig zu sein; keine könnte ausgebeutet oder einseitig von größeren Wirtschaftszusammenschlüssen abhängig gemacht werden. Die Weltwirtschaft könnte sehr effizient von etwa 30 bis 40 regionalen Wirtschaftsgemeinschaften verwaltet und gelenkt werden: viel wirkungsvoller, als das heute von 180 Nationalstaaten und mehreren hundert Multis getan wird.

5. Zusammenarbeit auf dem Gebiet der Verteidigung

Vor einigen Jahren hat eine dänische Oppositionspartei vorgeschlagen, dass die Verteidigungsausgaben in Dänemark darin bestehen sollten, eine Tonbandaufzeichnung herzustellen mit den Worten „Wir ergeben uns". Für den Fall, dass jemand das Land angreift, sollte dieses Tonband über den Rundfunk ausgestrahlt werden. Diese Partei verlor zwar die Wahl – sie hätte sowieso keine Aussicht auf einen Sieg gehabt –, aber ihr Verteidigungsvorschlag ist auf wache Ohren gestoßen. Immer mehr Menschen werden sich dessen bewusst, dass es absolut sinnlos ist, die Verteidigungsausgaben weiter steigen zu lassen, um moderne Streitkräfte zu unterhalten, besonders für kleine Länder wie Dänemark. Wenn sie tatsächlich von einer Großmacht angegriffen würden, wäre ihre Armee in kurzer Zeit ausgelöscht, unabhängig davon, wie viel sie für die Rüstung aufwenden.

Dass die nationale Sicherheit eine nationale Streitmacht zur Verteidigung erfordert, ist eine der weiteren Fiktionen, die durch die größere Fiktion der national-staatlichen Souveränität ermutigt wurde. Wenn ein Land nicht darauf bestünde, unumschränkte Souveränität über sein Territorium zu besitzen, sondern damit zufrieden wäre, soziale und wirtschaftliche Autonomie und Selbstbestimmung aufrechtzuerhalten, so gäbe es keinen Grund, warum man die Verteidigung der Landesgrenzen nicht einer vereinten Friedenstruppe anvertrauen sollte. Ein solcher Schritt wäre sogar heute schon vernünftig. Dänemarks Grenzen könnten wirkungsvoller durch ein vereinigtes europäisches Verteidigungssystem geschützt werden als durch eine nationale Armee. Ein europäisches Verteidigungssystem würde Dänemark vor jedem Angriff durch irgendeine europäische Macht schützen und hätte auch bessere Aussichten, wenn es zu einer Konfrontation mit außereuropäischen Mächten käme. Nur eine Konfrontation mit einer der Supermächte würde wohl kaum gut ausgehen.

Eine europäische Verteidigungsgemeinschaft, die in den 60er Jahren, als sie das erste Mal vorgeschlagen wurde, von Frankreich abgelehnt wurde, ist wieder dabei, sich zu bilden und könnte vor dem Ende unseres Jahrhunderts Realität werden. Es gehört nicht viel Überredungskunst dazu, um in Dänemark eine Mehrheit von der Richtigkeit einer solchen Maßnahme zu überzeugen. Auch in Holland, Belgien, Österreich und Italien würde es zu ähnlichen Einsichten kommen, ohne dass es vieler Argumente bedürfte. Schon schwieriger wäre es, die Mehrheit in England und Frankreich zu überzeugen, ihre nationalen Armeen aufzugeben: Augenblicklich haben sie noch ein nationales Ethos, zu dem auch der Traum von größerer militärischer Bedeutung gehört. Aber unabhängig davon, ob es Europa gelingt, ein eigenes Verteidigungssystem zu entwickeln, so ist es doch klar, dass weder die Vereinigten Staaten noch die Sowjetunion in nächster Zukunft ihre nationale Verteidigung einer allgemeinen Friedenstruppe anvertrauen würden. Die Friedenstruppe der Vereinten Nationen war in Zypern, im Vorderen Orient und im Mittleren Osten schon erfolgreich tätig und hatte 1988 sogar die Ehre, den Friedensnobelpreis verliehen zu bekommen, ihr Einsatz ist aber vorläufig noch auf chronische Unruheherde beschränkt, wo die Supermächte selbst gelähmt sind. Je stärker die militärischen Einrichtungen entwickelt sind, umso schwieriger ist es, sie in ein kollektives Friedenbewahrungssystem zu integrieren.

Kollektive Friedenssicherung mag heute utopisch erscheinen, aber sie wird es gewiss nicht mehr sein, wenn wir das Nach-Bifurkations-Zeitalter des 21. Jahrhunderts erreicht haben. Wenn die Menschheit die modernen Nationalstaaten in Gemeinschaften menschlicheren Ausmaßes verwandelt hat, die dann durch Selbstbestimmung und Autonomie gekennzeichnet sein werden, dann könnten die Verträge, die diese Gemeinschaften beschließen, auch die gegenseitige Sicherheit umfassen.

Um einen Anfang zu setzen, wäre es logisch, dass Gemeinschaften mit gemeinsamen wirtschaftlichen Interessen eine vereinte Verteidigungstruppe aufstellten.

Es gäbe dann natürlich die Gefahr, dass die Verteidigungsstreitkräfte der regionalen Einheiten sich zu widerstreitenden Militärblöcken entwickelten und zu einem Angriff bereitstünden. Dieser Gefahr könnte dadurch begegnet werden, dass auf einer noch höheren Ebene gemeinsame Verteidigungsverträge geschlossen würden. Es könnte gegenseitige Verteidigungsverträge zwischen jedem der sechs Kontinente geben, und wenn diese Verträge einmal ratifiziert sind, könnte man über weitere Verträge zwischen den regionalen Blöcken selbst verhandeln. In einem letzten Schritt könnte eine weltweite Verteidigungsallianz alle Gemeinschaften des neuen Zeitalters zusammenführen. Die Welt hätte eine bessere Chance zu überleben als durch das gegenwärtige Gleichgewicht des Schreckens, das die Nationalstaaten des 20. Jahrhunderts in einem höchst ungewissen Gleichgewicht hält.

Ein solcher Schritt würde auch den Wohlstand und nicht nur die Sicherheit der Gemeinschaften heben. Sie wären von der Last befreit, teure Bewaffnungen und Militärpotenziale aufrechtzuerhalten und sie könnten ihre menschlichen und finanziellen Reserven für produktive

Ziele verwenden. Die Vorteile könnten beträchtlich sein, wie die Wirtschaftswunder der Nachkriegszeit in Deutschland und Japan beweisen.

6. Harmonisierung auf dem Gebiet des Umweltschutzes

Auf einem Gebiet werden alle Gemeinschaften in ihrem eigenen Interesse zusammenarbeiten müssen, und das ist der Umweltschutz. Unter Umwelt sollten wir nicht nur Vögel und Bienen, Blumen und Bäume verstehen, so wichtig die einzelnen Arten als Teile der vielfältigen Natur auch sind. Unter Umwelt wollen wir das System der ganzen Biosphäre verstehen, ein System, in dem der Mensch und die Natur integrale Elemente und voneinander abhängige Partner sind. Die Vollständigkeit dieses Systems ist die Voraussetzung für alles Leben auf unserem Planeten. Wenn die Vielfalt und die Fähigkeit sich zu regenerieren vermindert wird, so verringern sich auch die Lebenschancen.

Wie jede andere Gattung kann auch die Menschheit nur in einer Umwelt überleben, in der eine biosphärische Ausgewogenheit erhalten bleibt. Viele dieser Gleichgewichte sind nun auf das Schwerste gefährdet. Wir sind schon auf dem Wege zu einem weltweiten Wärmeanstieg – bis zu einem gewissen Grade ist der Treibhauseffekt schon unumkehrbar geworden. Wir haben die Ozonschicht durch den Gebrauch von Fluorchlorkohlenwasserstoffen ausgedünnt. Dieser Schaden hat bereits die Schwelle überschritten, wo er noch vollständig rückgängig gemacht werden kann. Fraglich ist, ob auch das Verschwinden der Regenwälder diese Schwelle bereits erreicht hat und ebenso das Verschwinden der ökologischen Vielfalt in den Tropen, in den gemäßigten Zonen, in der Arktis. Die Zeit wird es uns lehren, aber es wäre tollkühn, darauf zu warten. Mit jedem Tag, der vergeht, wird es schwieriger, diese Prozesse zu bremsen und umzukehren. Sie nähern sich immer mehr der kritischen Grenze der Unumkehrbarkeit.

Wir wissen nicht, welchen Grad der Zerstörung die Biosphäre erreicht haben wird, ehe die große Mehrheit der heutigen Gesellschaften an der Bifurkation angekommen sein wird. Wir wissen jedoch andererseits, dass schon heutzutage die Umwelt auf das dringendste geschützt werden muss. Dies ist ein weltweites Problem, also müssen wir eine weltweite Antwort finden. Auf keinem anderen Gebiete bedarf das örtliche Handeln so sehr eines weltweiten Denkens wie auf dem Gebiet des Umweltschutzes. Aber das globale Denken darf nicht abstrakt und theoretisch bleiben. Es muss seinen konkreten Ausdruck in gemeinsamen, einträchtigen Handlungen finden und von allen Gesellschaften in die Tat umgesetzt werden. Wenn ein solches Handeln schon heute notwendig ist, so wird es in Zukunft unumgänglich sein. Das bedeutet im Einzelnen:

- die Einrichtung und die Durchsetzung strenger Kontrollen für den Ausstoß von Fluorchlorkohlenwasserstoffen, jenen von Menschen gemachten Gasen, die die Ozonschicht ausdünnen und die Erdwärme ansteigen lassen;
- das Einrichten und die Durchsetzung ähnlicher Kontrollen bei der Verbrennung von Kohle, Öl und Erdgas, da diese Vorgänge Kohlendioxid freisetzen und dazu beitragen, dass die Schicht, die die Erdwärme unseres Planeten bindet, zunimmt;
- die Durchführung umfassender Aufforstungsprogramme, um CO_2 zu binden, die Ackerkrume zu sichern und ein günstiges Erdklima zu schaffen;
- die Festsetzung von Höchstgrenzen für den Gebrauch anderer Spurengase wie Kohlenmonoxid und Stickoxide, Kohlenwasserstoffe und Methan, die alle zum Treibhauseffekt beitragen;
- die Identifizierung und den Schutz von Gegenden, die in Gefahr geraten, überschwemmt zu werden, wenn die polaren Eiskappen zu schmelzen beginnen;
- Vorsorge für die Umschulung und das Umsiedeln von Landwirten zu treffen, die durch das veränderte Wetter betroffen würden;
- die Warnung und – wenn nötig – Umsiedlung der Küstenbevölkerung, die durch den unumkehrbaren Anstieg des Meeresspiegels bedroht würde;
- die Schaffung und Unterhaltung von großangelegten Rettungstrupps für den Fall, dass Umweltkatastrophen eintreten.

Andere Umwelt-Vereinbarungen werden geschlossen werden müssen, um die Natur nicht nur vor menschlicher Kurzsichtigkeit zu schützen, sondern auch vor menschlicher Habgier. Diese Vereinbarungen müssen die sorgfältige Regelung der Ausbeutung und des Gebrauchs der Rohstoffquellen zum Ziel haben. In der heutigen Welt behaupten die souveränen Nationalstaaten, die absoluten Eigentümer ihrer Wälder, ihrer Feuchtgebiete, ihrer Ackerflächen, Flüsse, Seen und der Mineralien und Brennstoffe zu sein, die auf oder unter ihrem Land oder unter dem Festlandsockel ihrer Küsten gefunden werden. Natürlich stellt die heutige Form des Abbaus dieser Naturressourcen oft einen Missbrauch dar. Schon die Römer sprachen vom „ius utendi et abutendi", dem Recht, zu gebrauchen und zu missbrauchen. Wenn man das eine Recht hat, nimmt man auch das andere in Anspruch. Aber die Gesellschaften der neuen Zeit sollten nicht mehr so engstirnig die nationalen Interessen im Auge haben. Sie könnten die ganze Natur als eine kostbare Quelle des Reichtums ansehen, die ihnen treuhänderisch überlassen worden ist.

Das Prinzip der Treuhandschaft müsste sowohl innerhalb wie jenseits der lokalen und regionalen Gemeinschaften Gültigkeit haben. Große Mengen für die Industrie wertvoller Metalle und Mineralien lagern unter den Kontinentalplatten der Meere, und auch die arktischen Regionen beherbergen zusätzliche wertvolle Rohstoffquellen wie zum Beispiel große Lagerstätten an Erdgas. Man darf nicht zulassen, dass auch nur eine dieser Regionen durch nationale und großindustrielle Kurzsichtigkeit oder Gier irreparablen Schaden erleidet. Wenn das neue Zeitalter sich das Prinzip zu Eigen macht, dass der Mensch Sachwalter der Natur ist, dann muss es auch diese Treuhandschaft akzeptieren, ob es sich um die Natur innerhalb oder außerhalb der bewohnten Gegenden handelt. Wenn die Menschen keine Besitzrechte über die Natur beanspruchten, könnten alle Rohstoffquellen als ein kollektives Erbe angesehen werden, das zum kollektiven Wohl der Menschen wie auch der anderen Spezies genutzt werden kann.

Ein neues Zeitalter einer funktionierenden Wohlfahrt für alle Menschen zu schaffen wäre keine geringe Tat. Ob dies tatsächlich gelingt, kann nicht vorhergesagt werden. Wenn wir uns aber im Nachdenken über evolutionäre Zukunftsperspektiven üben würden, könnte dies dazu beitragen, ein neues Zeitalter hervorzubringen. Wenn sich ein fortdauernder Dialog zwischen vielen Geistern und Kulturen ergäbe, könnte eine neue Vision der Zukunft in einer sich selbst erfüllten Prophezeiung enden. Selbst solche Wunder können im kreativen Chaos einer historischen Bifurkation Wirklichkeit werden.

Dritter Teil

Unsere kritische Epoche

Kapitel 6

Der Untergang der Moderne

Die Menschheit wächst weiter, ihre Technologien werden immer leistungsfähiger und ihre Ansprüche immer größer und drängender. Mit den neuen Technologien können wir – für eine Weile – zwar immer mehr aus immer weniger machen und unsere aufkeimenden Widersprüche unter immer neuen Formen der Rationalisierung verstecken. Aber auf mittlere und lange Sicht, das heißt bis zum Ende unseres Jahrhunderts und darüber hinaus, werden selbst die wunderbarsten technischen Errungenschaften unsere Probleme nicht mehr bewältigen. Wir werden neue Wege beschreiten müssen, um mit den Vorräten und Segnungen unseres Planeten auszukommen, neue Wege, um jene Katastrophen zu vermeiden, die wir durch unsere Technologien und Gesellschaftsprobleme hervorgerufen haben, und neue Wege, miteinander zu kommunizieren und unser Leben zu bewältigen.

Es ist an der Zeit, uns bewusst zu werden, dass wir den Endpunkt eines Zeitalters erreicht haben. Dies war das Zeitalter, das uns die industrielle Revolution, den Nationalstaat und das Fernsehen beschert hat und das die menschliche Lebenserwartung, die im Mittelalter etwa 40 Jahre betrug, auf über 70 Jahre ausgedehnt hat. Es war aber auch das Zeitalter, das materiellen Fortschritt und materiellen Besitz zum höchsten Gut erhob und uns schließlich die Waffen zur endgültigen Massenvernichtung zur Verfügung stellte.

Das Reich des Menschen ist nicht mit einer Riesenmaschine vergleichbar, die nur eine einzige Funktionsweise kennt und diese Bahn nicht verlassen kann, selbst wenn sie zum Tod führen würde. Eher gleicht es einer sich entwickelnden Pflanze, einem jungen Wald, einem Schwarm Fische. Es wächst und gedeiht und beides kann gesteuert und in gewünschte Bahnen gelenkt werden. Die Menschheit hat in der Vergangenheit schon viele Zeitalter durchlaufen, und mit etwas Einsicht und Anleitung wird sie in der Lage sein, noch viele weitere Zeitalter in der Zukunft zu durchlaufen. Es ist gut zu wissen, dass jenseits des heutigen Zeitalters ein noch fortschrittlicheres und menschlicheres Zeitalter geschaffen werden kann.

Wir müssen die Dinge in der richtigen historischen Perspektive sehen. Unser Zeitalter geht zu Ende, aber das ist kein Phänomen, das es noch nie gegeben hätte. Jedes Zeitalter blühte, als sei es ein ewiges Muster menschlicher Existenz – und jedes ist dann in der Geschichte versunken, unbeweint und fast unbeachtet, sobald die Lebensbedingungen sich so wandelten, dass die alten Wertesysteme und Institutionen dort nicht mehr hineinpassten. In unserer langen Geschichte war jedes neue Zeitalter der Durchbruch einer neuen und dann vorherrschenden Lebensform.

Der erste große Übergang von einem Zeitalter zum nächsten begann vor etwa zehntausend Jahren. Es war der Übergang von der Lebensform der Jäger und Sammler des paläolithischen Zeitalters zu den nahrungsproduzierenden Gesellschaften des Neolithikums. Diese neolithische Revolution brauchte zu ihrem Reifeprozess mehrere Jahrhunderte. Es vergingen viele Generationen, bevor die nomadischen Jäger- und Sammlerstämme sich zu sesshaften Dorfbewohnern wandelten. Mit der Ausbreitung dieser neolithischen Revolution konnten immer mehr Menschen von dem verfügbaren Land ernährt werden und viele von ihnen widmeten ihre Zeit und Energie besonderen Aufgaben, die nicht nur darin bestanden, Getreide anzubauen und Tiere zu züchten.

Städte entstanden und festgelegte Handelsstraßen durchzogen die bewohnte Welt. Die Tabus, die Mythen und die Sitten primitiver Agrar- und Hirtengesellschaften, Götter und Göttinnen, Mythen der Fruchtbarkeit und der Erde wurden langsam durch neue Werte, neue Symbole und neue Religionen ersetzt. Die klassischen Reiche von Griechenland, Rom und Konstantinopel erlebten ihren Aufstieg, vollführten ihre Eroberungen und fielen schließlich in sich zusammen. Der Spielraum der menschlichen Existenz umfasste den Wohlstand der Kaiser, die Disziplin der Legionäre und das Elend und die Mühsal der Sklaven. Als dann Europa in das Mittelalter versank, stand die Zeit auch in den meisten außereuropäischen Kulturen fast still. Die Ereignisse dieser Epoche wurden fast nur an dem wechselnden Glück der regierenden Häuser und Dynastien gemessen.

Nach der Pestepidemie in Europa kam der Glaube an ewige Werte und göttliche Gerechtigkeit ins Wanken. Völker und Gemeinschaften, die diese Naturkatastrophe überlebten, waren nun ängstlich darum besorgt, ihre Lebenschancen und ihre Wohlfahrt zu verbessern. Nicht länger war das geistige Heil die einzige Sorge der Menschen. Sie meinten jetzt, geistiger Fortschritt würde folgen, wenn es erst materiellen Fortschritt gab.

Die Bibel des materiellen Fortschritts wurde von einem Wirtschaftswissenschaftler und ehemaligen Professor der Moralphilosophie in Glasgow geschrieben. Adam Smiths Buch „Der Wohlstand der Nationen" pries das materialistische Eigeninteresse der Menschen, der Unternehmen und Nationen. Er vertrat die Ansicht, dass eine „unsichtbare Hand" die konsequent verfolgten Eigeninteressen der Individuen auf wunderbare Weise in die größtmögliche Wohlfahrt für alle verwandeln würde.

Der Umschwung von der Sorge um ewige Werte und geistiges Wohlergehen in Richtung auf weltliche Werte und materiellen Fortschritt wurde durch den Aufstieg der modernen Wissenschaft und der Technik unterstützt und gefördert. Kopernikus und Galilei holten die Bewegungsgesetze von Erde und Himmel aus dem Bereich der metaphysischen Spekulation und Newton verschmolz sie zu einer neuen Einheit. Die Kunst des traditionellen Handwerks wurde durch Wissenschaftler verbessert, die sich jetzt das ganze Universum, einschließlich der irdischen Natur, als eine riesige Maschine vorstellten. Sie bemühten sich daher, diese Maschine zum Wohle der Menschheit arbeiten zu lassen. Von den mittelalterlichen Dogmen befreit erlebte die moderne Wissenschaft zwei Jahrhunderte Aufstieg und Expansion, bis sie schließlich zum Gegenstand der Bewunderung, ja der Verehrung von Millionen wurde.

Dieses neue Zeitalter der Moderne überspülte die Menschheit mit der elementaren Kraft einer Sintflut. In Europa ebenso wie in Nordamerika blühte die moderne technische Zivilisation in vielfältiger und scheinbar unerschöpflicher Weise. Nicht nur die Wissenschaft und die Technik, auch die Institutionen der Gesellschaft lösten sich von der religiösen Autorität. Der Übergang von einem feudalen und auf die jenseitige Welt gerichteten Lebensstil zu einer zunehmend urbanen und säkularen Kultur war tiefergreifend und schneller als alles, was die Menschheit bis dahin je erlebt hatte.

Die sozialen und politischen Strukturen, die im Verlauf der ersten industriellen Revolution geschaffen wurden, sind die Strukturen, in denen wir auch heute noch leben. Sie haben sich über alle Teile der

Welt ausgebreitet, zu Völkern und Zivilisationen, die die Zwischenstadien nicht durchlaufen hatten, die aber vom weltweiten Griff der industriellen Zivilisation erfasst und erobert wurden.

Die typischen Werte und Praktiken der Moderne brachten den westlichen Gesellschaften ungezählte Vorteile – materielles Wohlergehen, wie es das Mittelalter nie erträumen konnte, bessere Arbeitsbedingungen, eine höhere Lebenserwartung, Reisen, neue Formen der Erholung und Informationen von überall her und über alles, was man sich nur wünschen konnte. Aber weil dieser Modernismus uns all diese Dinge gab und weil er es möglich machte, dass wir mit allen Völkern in allen Teilen der Welt in Kommunikation traten, wollten *alle* diese Völker auch seine Früchte genießen. Der Modernismus breitete sich in die Tropen aus, in die Wüsten und bis zu den beiden Polen. „Modernisierung" wurde gleichbedeutend mit Entwicklung. Die führenden Politiker der Nationen wurden begierige Schüler der Moderne. Sie versuchten, deren Lebensweise zu imitieren, und sie kämpften um den Zugang zu ihren Technologien.

Aber in den 60er und 70er Jahren des 20. Jahrhunderts stieß die Flut des Modernismus auf unerwartete Schranken. Die Städte wuchsen in einem unvorhergesehenen und nicht mehr zu verwaltenden Ausmaß, die Böden wurden mit Dünger und Pestiziden überfrachtet, die Meere durch moderne Flotten überfischt. Nur ein kleiner Prozentsatz der Weltbevölkerung konnte an der Moderne teilhaben. Der Rest war dazu verurteilt, ein Leben am Rande des Existenzminimums zu führen, oft im Schatten von modernen Enklaven. Die Entwicklungsländer gewannen den Eindruck, dass sie ausgebeutet wurden. Anstatt an den Wohltaten der Moderne zu partizipieren, wurden sie zu deren Lieferanten. Nur kleine Elitegruppen profitierten und ihr verschwenderischer moderner Lebensstil stand in schmerzlichem Gegensatz zum Elend der Massen. Aber auch die Privilegierten wurden unzufrieden. Je mehr sich die Wirtschaft dieser Länder danach richtete, auf den Weltmärkten wettbewerbsfähig zu werden, desto mehr wurden sie von den reichen Ländern und den örtlichen Niederlassungen der Multis abhängig. Der Modernismus, ein Kind des 17. und 18. Jahrhunderts in Europa und Amerika, erwies sich als ein höchst zweifelhafter Segen für den Rest der Welt.

Was verstehen wir nun unter Modernismus? Wir können sein Wesen am besten erkennen, wenn wir uns jene Werte und Ideale ansehen, die seine Grundlagen bilden. Es sind die Werte und Ideale des *Homo modernus*, des typischen modernen Menschen unserer Zeit. Hier ist eine Auswahl, die keineswegs erschöpfend, aber doch repräsentativ und aufschlussreich ist.

Das Gesetz des Dschungels. Das Leben ist ein Überlebenskampf. Sei aggressiv, oder du gehst unter.

Eine steigende Flut hebt alle Boote. Wenn das Nationaleinkommen in unserem Lande wächst und gedeiht, wird es *allen* Bürgern besser gehen und auch alle anderen Länder werden daran teilhaben.

Die Theorie des „Durchsickerns". Diese etwas schwammige Metapher meint, dass Reichtum mit Sicherheit von den Reichen zu den Armen „durchsickern" wird. Je größer also der Reichtum an der Spitze, desto mehr Tropfen werden bis auf den Boden gelangen.

Die „unsichtbare Hand". Diese Idee wurde zuerst von Adam Smith formuliert und meint, dass die individuellen und sozialen Interessen sich automatisch ausgleichen. Wenn ich das Beste für mich selbst tue, trage ich dazu bei, dass es der Allgemeinheit gut geht.

Die sich selbst regulierende Wirtschaft. Wenn wir nur für einen vollkommenen Wettbewerb auf einem freien Markt sorgen könnten, würden sich die Vorteile von selbst gerecht verteilen, ohne die Notwendigkeit irgendeiner Intervention.

Der Kult der Effizienz. Wir müssen aus jedem Menschen, jeder Maschine und jeder Organisation das Maximum herausholen, egal was produziert wird und ob es benötigt wird.

Der technologische Imperativ. Alles, was getan werden kann, sollte auch getan werden. Wenn es nämlich hergestellt oder ausgeführt werden kann, dann kann es auch verkauft werden. Und wenn es verkauft werden kann, dann ist es gut für den Käufer und gut für die Wirtschaft. Wenn niemand es nötig hat, dann muss man eben den Bedarf dafür wecken.

Je neuer, desto besser. Alles, was neu ist, ist besser als das vom letzten Jahr. Wenn man kein neues Produkt herausbringen kann, dann muss man das alte nur neu und verbessert nennen und Fortschritt und Profite werden gesichert sein.

Die Zukunft geht mich nichts an. Wir lieben zwar unsere Kinder, aber warum sollen wir uns über das Schicksal der nächsten Generation Sorgen machen? Was hat die nächste Generation schließlich für uns getan?

Wirtschaftlicher Rationalismus. Der Wert aller Dinge, einschließlich der Menschen, kann in Geld berechnet werden. Jeder möchte reich werden, alles übrige ist leeres Geschwätz oder einfach Heuchelei.

Mein Land über alles. Wir sind Söhne und Töchter unseres Landes, während alle anderen Ausländer sind, die es darauf abgesehen haben, von unserem Reichtum, unserer Macht und unseren Fähigkeiten zu profitieren. Wir müssen stark sein, um unsere nationalen Interessen verteidigen zu können und möglichst stärker als irgendein potenzieller Feind.

Wie diese Werte und diese Glaubensinhalte anzeigen, ist der *homo modernus* ein merkwürdiger Kerl. Er lebt nach den Gesetzen des Dschungels und meint, der Menschheit Gutes zu tun, wenn er für sich selbst nach größtmöglichem materiellem Gewinn trachtet; er vertraut darauf, dass „unsichtbare Mächte" die Ungerechtigkeiten geradebiegen; er betet die Leistung an; er ist bereit, praktisch alles zu produzieren, zu verkaufen und zu konsumieren, vor allem, wenn es neu ist; er liebt Kinder, aber ist am Schicksal der nächsten Generation nicht interessiert; er schiebt alles beiseite, wenn es sich nicht sofort auszahlt oder „rechnet"; und er ist bereit, sich zu erheben und für sein Vaterland zu kämpfen, weil sein Land um das Überleben im internationalen Dschungel kämpfen muss.

Diese Charakterzüge des *homo modernus* bringen jetzt unsere Zukunft in Gefahr. Der Glaube an das Gesetz des Dschungels ermutigt uns zu einem Wettbewerb mit Klauen und Zähnen, der völlig vor der Aufgabe versagt, die Vorteile der Zusammenarbeit zu nutzen – und das ist besonders kritisch in einer Zeit des verminderten Wachstums und häufiger Krisen. Wenn man den Dogmen der „steigenden Flut", des „Durchsicker-Effekts" und der „unsichtbaren Hand" anhängt, so ist das ein Freibrief für egoistisches Verhalten und man lebt in dem beruhigenden, aber nicht länger zu rechtfertigenden Glauben, dass diese Weltsicht auch anderen zum Nutzen gereichen wird. Der Glaube an eine vollkommene, sich selbst regulierende freie Marktwirtschaft lässt die Tatsache außer Acht, dass in einer *laissez-faire*-Gesellschaft die Personen oder Institutionen, die die Macht haben und die Fäden in der Hand halten, die Operationen des Marktes zu ihren eigenen Gunsten beeinflussen und die weniger machtvollen und weniger klugen

Partner in den Bankrott drängen. Effizienz ohne Rücksicht darauf, was produziert wird, auf welchem Wege und durch wen es produziert wird und wem diese Produkte nützen sollen, führt zu steigender Arbeitslosigkeit und zur Bevorteilung der Forderungen der Reichen ohne Rücksicht auf die Bedürfnisse der Armen und schließlich zu einer Polarisierung der Gesellschaft in den „modernen", das heißt den „effizienten", und den „traditionellen", das heißt den „ineffektiven" Sektor.

Der technologische Imperativ wird dann gefährlich, wenn die Wachstumskurven der Wirtschaft abflachen, wenn die Märkte gesättigt sind, wenn die Umwelt an die Grenzen ihrer Fähigkeit stößt, die Verschmutzung zu absorbieren, und wenn schließlich Energie und Rohstoffe knapp und teuer werden. Die Regierungen und Privatunternehmen verhalten sich jedoch so, als ob eine noch weiter gesteigerte technologische Überlegenheit und Effizienz der entscheidende nationale und unternehmerische Trumpf wären. In den entwickelten Ländern wird etwa die Hälfte der Kosten für Entwicklung und Forschung von den Regierungen bezahlt (außer in Japan, wo der Regierungsanteil geringer ist – aber dafür nimmt die Regierung dort Einfluss auf die Art der Investitionen des privaten Sektors) und es scheint so, dass die Regierungen immer die gleichen Technologien herauspicken, die sie meinen, unbedingt fördern und in ihrem Land besitzen zu müssen: Mikroelektronik oder Informatik ganz allgemein, Atomkraft (obgleich der Widerstand aus der Bevölkerung wächst), Luftfahrt, Kunststoffe aller Art und eine ganze Skala von genetischen, chemischen und biologischen Technologien. Der Zusammenhang zwischen vielen dieser äußerst kostspieligen und stark subventionierten großen wissenschaftlichen Projekte und ihrer militärischen Anwendung ist gewöhnlich unklar – und das ist auch die Absicht. Hingegen ist es völlig klar, dass von den über 300 Milliarden Dollar, die in der Welt für Forschung und Entwicklung ausgegeben werden, mehr als 100 Milliarden Dollar der Entwicklung von Waffensystemen dienen. Statt eine spürbare Verbesserung an Sicherheit zu bieten, bringen diese ungeheuren Investitionen schließlich nur den Weltfrieden aus dem Gleichgewicht und das menschliche Überleben in Gefahr.

Im großen und ganzen sind die Bemühungen des privaten Sektors, die menschlichen Lebensbedingungen durch neue Technologien zu verbessern, nicht mehr allzu erfolgreich. Abgesehen von deutlichen

Fortschritten beim sparsameren Energieverbrauch, ist die große Masse der Verbesserungen bei Konsumgütern überhaupt keine wirkliche Verbesserung. Es wird immer gesagt, dass das neuere auch das bessere Produkt sei, aber es ist keineswegs immer so, manchmal ist es sogar schlechter. Zuweilen wird ein Produkt als „verbessert" bezeichnet, weil es Fluorchlorkohlenwasserstoffe, Antihistamine und Cyklomate enthält oder einfach gewöhnlichen Zucker. Kurze Zeit darauf wird es als „verbessert" angeboten, weil es diese Dinge gerade nicht enthält. Manchmal scheint es so, dass echte soziale und gesundheitliche Fortschritte verloren gehen zugunsten des Wettbewerbs zwischen künstlich erzeugten Wünschen und Modetorheiten.

In einer Zeit des schnellen Wachstums mag es noch erträglich gewesen sein, wenn man ohne bewusstes Planen gelebt hat, denn die Zukunft schien auf sich selbst aufpassen zu können. Aber das ist keine verantwortungsbewusste Haltung mehr in einer Zeit, in der wir vor heiklen Entscheidungen stehen, die tiefgreifende und weitreichende Folgen für die zukünftigen Generationen haben. Wenn wir heute allerdings mit den Schultern zucken und sagen sollten „Nach mir die Sintflut", so werden wir tatsächlich eine Flut erzeugen – eine Flut von Raubbau, Überbevölkerung, Ungleichheit und Konflikten.

Das naive Reduzieren aller Dinge und Menschen auf ihren wirtschaftlichen Nutzwert schien in einer Zeit vernünftig, als der große wirtschaftliche Aufschwung alle Köpfe beherrschte und alles Übrige in den Hintergrund drängte, aber es ist tollkühn in einer Zeit, da die Menschen anfangen, tief verwurzelte soziale und geistige Werte wiederzuentdecken und einen Lebensstil von freiwilliger Einfachheit anstreben.

Schließlich kann die schlicht chauvinistische Behauptung „Mein Vaterland über alles" in der Innenpolitik und international eine Katastrophe auslösen, denn sie fordert die Menschen dazu auf, für Dinge zu kämpfen, die selbst „ihr eigenes Land" später wieder verleugnen wird, und für Werte und Ansichten einer kleinen Gruppe von politischen Führern einzutreten und dabei völlig die engmaschigen kulturellen und wirtschaftlichen Abhängigkeiten in unserer Welt zu übersehen.

Trotz einiger ermutigender Veränderungen bei den Werten und Anschauungen hinkt die Menschheit als Ganzes kulturell noch hinterher. Das bedeutet, dass die vorherrschenden Werte und Anschauungen mit den objektiven Gegebenheiten nicht Schritt halten. Das tritt dann ein, wenn sich der Wandel im wirtschaftlichen, sozialen und politischen Bereich schneller vollzieht als im kulturellen und wenn der Mangel an Information oder das „berechtigte" Interesse einer Minderheit die große Masse des Volkes daran hindert zu erkennen, dass die Bedingungen sich geändert haben. Solange die Menschen daran festhalten, auf neue Bedingungen mit Werten und Verhaltensmustern zu reagieren, die alten Bedingungen angemessen waren, werden sie ihre Erfahrungen durch ständig wachsende Schockwellen und Überraschungen machen müssen.

Obgleich überholt, ist der Modernismus noch keineswegs ausgelöscht. Der *homo modernus* ist zwar nicht mehr gesund, aber er lebt noch und wehrt sich mit Händen und Füßen. Die Menschen am Ende des 20. Jahrhunderts sind zwar nicht mehr die gleichen wie die zur Mitte des Jahrhunderts, aber ihre Ideen, ihre Ideale hinken ihrer Zeit immer noch hinterher. Der Geist der Moderne ist noch lange nicht tot.

Kapitel 7

Die Wissenschaft der Zukunftsschau

Ehe wir uns vom modernen Zeitalter verabschieden, ist es vielleicht klug, wenn wir uns fragen, was als Nächstes geschehen wird. Welches Zeitalter kommt nach dem jetzigen? Interessanterweise wird das neue Zeitalter selten genauer bezeichnet, gewöhnlich nennt man es die „Post-Moderne". Das bedeutet, dass man wohl weiß, worauf das neue Zeitalter folgt, aber nicht, von welcher Art es sein wird.

Die Aufforderung, das neue Zeitalter zu identifizieren, wird von der großen Herausforderung begleitet, in die Zukunft zu schauen. Die Zeiten sind vorbei, wo man sich damit zufrieden geben konnte, Weissager, Astrologen und Zukunftsdeuter zu fragen; Kaffeesatzhoroskope und Kristallkugeln werden verschwommen, wenn es darum geht, eine Antwort auf die Frage nach einem Wandel in der ganzen Kultur zu geben. Andererseits sind auch die Sozialwissenschaftler zurückhaltend und legen sich nicht fest. Innerhalb der Fachgebiete der Sozialwissenschaft ist die Frage, wie die Zukunft aussehen wird, noch lange nicht beantwortet. In Zeiten der Stabilität kann man sehr wohl Tendenzen erkennen und sie in die Zukunft extrapolieren, aber in Zeiten eines grundlegenden Wandels ist es um die klassischen Berechnungsmethoden schlecht bestellt. Um die zukünftige Entwicklung in einer Periode der Bifurkation zu erkennen, braucht man eine neue Wissenschaft. Glücklicherweise nimmt diese erforderliche Wissenschaft in heutigen Wissenschaftskreisen bereits Formen an.

Aber wir wollen nicht vorgreifen. Wenn wir die Bedeutung der neuen Wissenschaft richtig bewerten wollen, müssen wir sie zu den Problemen in Beziehung setzen, die wir mit ihr lösen wollen. Zunächst müssen wir also reinen Tisch machen. Auf diesem Tisch kann vorläufig nur die eine Frage liegen: Können wir überhaupt in die Zukunft schauen? Alle anderen Probleme – wie zum Beispiel, welche Theorie wir für die Zukunftsschau benutzen, ob das, was wir dann sehen, ein vorherbestimmtes Schicksal ist oder nur Zufall oder vielleicht eine

Kombination von Zufall und Notwendigkeit – alle diese Dinge müssen warten, bis wir die erste Frage geklärt haben.

Machen wir uns also an die Arbeit. Wir können in die Zukunft schauen, wenn die Zukunft vorhersehbar ist. Aber ist die Zukunft vorhersehbar? Dieses Problem, obgleich es grundlegend und entscheidend ist, erweist sich doch als keineswegs einfach. Was meinen wir, wenn wir Vorhersehbarkeit sagen?

Allgemein gesprochen bedeutet Vorhersehbarkeit, dass jene Faktoren, die einen Prozess bestimmen, genügend bekannt sind. Wenn wir wissen, was sie in der Vergangenheit bewirkt haben, dann können wir annehmen, dass sie in der Zukunft in der gleichen Weise wirksam sein werden, und wir sind somit in der Lage vorherzusagen, wie jener Prozess abrollen wird. Nehmen wir als Beispiel für Vorhersagbarkeit eine gewöhnliche Uhr: Die Zeiger der Uhr bewegen sich mit einer bekannten Regelmäßigkeit über das Zifferblatt. Wenn wir wissen, wie das Uhrwerk funktioniert (und da das Uhrwerk von Menschen entworfen und gebaut worden ist, können wir genau wissen, wie es funktioniert), und wenn wir weiterhin wissen, dass die Antriebskraft zuverlässig ist, können wir vorhersagen, wo sich die Zeiger der Uhr nach fünf Minuten, nach einer Stunde oder nach vierundzwanzig Stunden befinden werden.

Aber ist die Zukunft ebenso determiniert wie die Zeiger einer Uhr? Wenn wir über die Zukunft des Sonnensystems sprechen, so gibt es überzeugende Argumente. Was allerdings die Zukunft der Menschheit anbetrifft, so ist die Sache nicht so einfach.

Um welche Faktoren könnte es sich handeln, die die Zukunft der Menschheit bestimmen oder zum Scheitern bringen? Zwei Gruppen von Faktoren sind beteiligt: Eine betrifft die menschliche Natur, die andere die Natur der Gesellschaft. Die ersteren sind biologischer Art, und wenn sie determinierend sind, bilden sie einen biologischen, genauer gesagt, einen genetischen Determinismus. Die letzteren sind soziologisch und, wenn sie ihrerseits determinierend sind, haben wir einen sozialen oder besser soziokulturellen Determinismus. Wir wollen uns zuerst die Möglichkeit anschauen, dass die biologischen Faktoren determinierend seien. Die Konsequenzen wären schwerwiegend: Die Zukunft der Menschheit würde davon abhängen, dass ein neuer Mensch, ein neues biologisches Individuum geschaffen wird.

Es gibt eine philosophische Schule, die behauptet, dass die Information, die in unseren Genen codiert ist, letztlich unser Verhalten determiniert. Wir mögen glauben, dass wir die Freiheit haben zu tun und zu denken, was wir wollen, wenn wir jedoch hinter das Bewusstsein in unserem Gehirn schauen könnten, würden wir einen festen Regelmechanismus am Werk finden, wie der Neurophysiologe Sir Charles Sherrington sagt, eine Art verzauberter Webstühle, die wunderbare Muster der Gedanken, des Wollens und der Regulation der körperlichen Funktion und des Verhaltens weben. Die Art, wie wir handeln, wäre dann das letzte Ergebnis dieser feinsinnigen Mechanismen, die auf der Basis der genetischen Information arbeiten. Die Entladung elektrischer Impulse und chemischer Substanzen in Milliarden von Nervenzellen, die Millionen Stromkreise und Netze bilden, schaltet einen Pfad ein und einen anderen aus, wie ein Computer. Sie regelt die Herz- und Lebertätigkeit, aktiviert die Arme und Beine und koordiniert alle Funktionen zu einem zusammenhängenden System von Aktion und Reaktion, das den Organismus am Leben erhält.

Die Soziobiologie, die in den siebziger Jahren hauptsächlich durch die Arbeit des Biologen E.O. Wilsen entwickelt wurde, liefert eine eindrucksvolle Skala von Beweisen für die genetische Determination unseres Verhaltens. Sie behauptet, es sei unnötig, komplexe Motivationsprozesse anzunehmen. Das zentrale Prinzip der genetischen Determination besteht darin, dass Individuen sich tendenziell in einer Weise verhalten, die ihre Tauglichkeit maximiert. Wir ersehen dies unter anderem an der Weitergabe von Kopien erfolgreicher Gene an die folgende Generation. Richard Dawkins hat den berühmten Satz geprägt: „Gene sind egoistisch; ihre Hauptaufgabe besteht darin, sich selbst zu reproduzieren." Die Komplexität des menschlichen Körpers und vielleicht sogar der menschlichen Interaktion sind nur einfallsreiche Mittel, um den Erfolg dieses Unternehmens sicherzustellen.

Wäre dieser genetische Determinismus im großen und ganzen korrekt, dann wären sogar soziale Interaktionen weitgehend durch Gene determiniert. Wir mögen uns zwar einbilden, dass wir in Gesellschaftsformen leben, die wir uns selbst geschaffen haben. In Wirklichkeit lebten wir in riesigen Ameisenhaufen und gigantischen Bienenkörben. Die menschliche Gesellschaft wäre ebenso Ausdruck der genetischen Erbschaft ihrer Mitglieder, wie es in einer Insektengesellschaft der Fall ist. So machten uns zum Beispiel unsere Gene egoistisch: Die sozialen Strukturen wären das Ergebnis eines Kompromisses zwischen den selbstischen Zielen des Individuums und der Erkenntnis, dass viele dieser Ziele besser erreicht werden können, wenn man sich zusammentut, als wenn man sich allein darum bemüht. Unsere Gene machten uns aggressiv: Die Geschichte der menschlichen Gesellschaft wäre eine Geschichte der Kriege, die nur durch Waffenstillstände unterbrochen werden, weil von Zeit zu Zeit die Notwendigkeit besteht, wieder zu Kräften zu kommen und die Streitkräfte neu zu gruppieren. Unsere Gene veranlassten uns, dass wir machthungrig werden: Unsere Gesellschaftsstrukturen wären das Ergebnis eines Machtkampfes von Individuen, wobei der Stärkere den Schwächeren besiegt und versklavt und so weiter. Das träfe auf alle Charakteristika des menschlichen Verhaltens zu; sie haben alle ihre Widerspiegelungen in entsprechenden Charakteristiken der Gesellschaft.

All das würde bedeuten, dass die menschliche Gesellschaft sich in naher Zukunft nicht ändern wird. Die Menschen wären egoistisch, aggressiv, machthungrig und so weiter, und zwar morgen genauso wie heute. Kriege, Machtkämpfe und alles Übrige wird es in Zukunft weiterhin geben. Die menschliche Gesellschaft, ebenso wie der menschliche Körper, ist so, wie sie ist, weil die menschlichen Gene so sind, wie sie sind. Solange unsere Gene gleich bleiben, wird sich auch die Gesellschaft nicht ändern. Es gibt keine Hoffnung auf ein grundlegend neues Zeitalter. Das nächste Zeitalter wird sich höchstens am Rande oder oberflächlich vom heutigen unterscheiden. Wir brauchten einen neuen Menschen, um eine neue Gesellschaft zu bekommen, und ein neuer Mensch wartet auf eine neue biologische Evolution seiner Spezies.

Es hat in der Vergangenheit viele Träume davon gegeben, wie man einen neuen, besseren Menschen schaffen könnte. Dazu gehört Friedrich Nietzsches Übermensch ebenso wie die Spekulationen von Hitler, die menschliche Erbmasse durch Eugenik zu korrigieren. Das Nazi-Regime versuchte die arische Erbmasse zu verbreiten und alle „minderwertigen" Lebensarten wie die Zigeuner, die Juden und die Slawen zu vernichten. Vernichtungslager, die die schlimmsten Exzesse der mittelalterlichen Inquisition bei weitem übertrafen, waren ein Mittel, um diese genetische „Endlösung" herbeizuführen. Wohlmeinende Befürworter einer genetischen Steuerung sprechen jetzt vom Ausmerzen unvollkommener Charaktereigenschaften durch die Veränderung der Aminosäurefolgen, die den genetischen Code der Individuen ausmachen. Sie hoffen, dass man in Laboratorien bald eine genetisch höherstehende Spezies wird erzeugen können, als es der *Homo sapiens* heute ist, mit Eigenschaften wie: größere intellektuelle Fähigkeiten, Neigung zu weniger Aggression oder Wut, geringere Anfälligkeiten gegenüber Krankheiten und größere Toleranz in Bezug auf Klima und Umwelt.

Die Aussichten erscheinen vielversprechend. Durch sorgfältige genetische Manipulation, kontrollierte Kreuzungen, durch Selektion und durch Verbreitung des neuen Zuchtgutes könnten wir den *Homo sapiens* durch Mutation höherentwickeln. Wir könnten einen *Homo supersapiens* züchten, dessen selbstische Eigenschaften durch Gene ausgeglichen werden, die ihn für Geselligkeit codieren, dessen Aggressionen durch einen Instikt des Gemeinschaftsgefühls in Schach gehalten werden und dessen Machthunger durch eine genetisch bestimmte Anlage zur Zusammenarbeit gemildert wird. Supersapiens würden keinesfalls einen größeren Schädel und ein breiteres Gehirn als der heutige Mensch benötigen. Es wäre ausreichend, wenn er mehr Bereiche seines Gehirns benutze, als es der Sapiens tut. Er wäre intelligent, gesellig und zur Zusammenarbeit bereit, und damit könnte er eine neue Gesellschaft und ein neues Zeitalter ins Leben rufen.

Neue Gene, ein neuer Mensch und eine neue Gesellschaft – das alles auf Bestellung. Die Idee ist verlockend, umso mehr ist es schade, dass sie hoffnungslos unrealistisch ist. Warum?

Erstens: Vorläufig haben wir nur die vageste Vorstellung von einer besonderen DNS-Struktur, die spezifische, persönliche Charaktereigenschaften erzeugen sollte. Unsere Kenntnisse reichen bei weitem nicht aus, um diese neuen Charakterzüge der Reihe nach in die Massenproduktion zu geben, wie bei einer Waschmaschine.

Zweitens: Das Erzeugen von individuellen Persönlichkeitsmerkmalen würde auf keinen Fall ausreichen. Wir müssten dafür sorgen, dass die neu entstandenen Merkmale auch „legitimiert" werden, das heißt, dass die Individuen diese auch reproduzieren und weitergeben können. Sonst würde der „neue Mensch" mit seinen selbstlosen und weniger aggressiven Eigenschaften bald in der Mülltonne verschwinden. Denn im Wettbewerb mit egoistischeren und aggressiveren Exemplaren würde er hoffnungslos unterliegen. Die letzteren würden sich eher vermehren, da sie ja weiterhin selbstische und aggressive Nachkommen zeugten. Denn wenn wir nicht gerade eine Diktatur errichten wollen, haben wir keine Möglichkeit, den Wettbewerb in unserer Gesellschaft zu kontrollieren. Wir wissen nicht, wie diese neuen „weicheren" Menschen, die wir für das neue Zeitalter brauchen, sich ihren Platz darin „erkämpfen" können, da sie doch genau dafür nunmehr schlecht ausgerüstet sein werden.

Drittens: Nicht nur die Persönlichkeitsmerkmale des einzelnen bestimmen die Art der Ordnung, die entsteht, wenn Individuen miteinander eine Gemeinschaft bilden: Das soziale System spiegelt nicht nur die Eigenschaften seiner Mitglieder wider. Selbstlose Individuen erzeugen nicht notwendigerweise auch eine selbstlose Gesellschaft, ebenso wenig wie nichtaggressive Individuen eine friedfertige Gesellschaft ergeben. Gesellige Menschen können schlechte Organisatoren und Manager sein; friedlich veranlagte Menschen könnten sehr stressbeladene Situationen erzeugen, mit denen fertigzuwerden sie nur schlecht ausgerüstet wären. Das soziale Ganze ist niemals nur die Summe seiner Teile – wir können nicht die Eigenschaften einer Gesellschaft auf die Summe der Eigenschaften der Einzelmenschen zurückführen. Um ein neues Zeitalter durch einen genetisch neuen Menschen zu schaffen, müssten wir viel mehr wissen, als wir es zur Zeit tun.

Viertens: Es erfordert eine sehr lange Zeit, bis sich ein genetischer Wandel durchsetzt. Eine Zeit von 50 000 Jahren ist für die biologische Evolution sehr kurz: Und doch ist diese Zeitspanne nicht mehr als nur die Hälfte der Zeit, seit der moderne *Homo sapiens* in Afrika auftauchte. Selbst wenn wir annehmen wollten, dass wir diesen Vorgang durch ein bewusstes Eingreifen beschleunigen könnten, würden wir immer noch mit mindestens 200 Generationen zu rechnen haben, bis ein mutiertes Gen sich so weit verbreitet, dass es die vorherrschenden Charakterzüge der Bevölkerung bestimmt. Das würde uns einen evolutionären „Sprung" von fast 6000 Jahren bescheren. Während 6000 Jahre nur ein Augenaufschlag in der biologischen Zeit ist, sind sie doch viel zu lange, um für die uns interessierende Frage nach der Zukunft der Menschheit Bedeutung zu haben.

Wenn wir mit diesen Realitäten konfrontiert werden, dann löst sich der Traum von der Erschaffung eines neuen Menschen – und damit eines neuen Zeitalters – durch eine positive Mutation beim *Homo sapiens* in nichts auf. Das braucht uns aber nicht zu bekümmern: Es macht überhaupt nichts, dass wir nicht in der Lage sind, unsere Spezies nach Wunsch durch Mutationen zu verändern. Die Veränderung, die wir in Zukunft brauchen, ist nicht von jener Art, dass sie unseren guten alten Sapiens überforderte. Wir haben schon während der letzten 100 000 Jahre genetisch im Wesentlichen das gleiche Individuum, und wir sind schon während der letzten fünf Millionen Jahre biologisch die gleichen geblieben, wenn man davon absieht, dass wir einen aufrechten Gang bekommen haben, dass wir eine bessere Greifhand entwickelten (und weniger gut greifende Füße), dass unser Kiefer kleiner geworden ist und unser Gehirn größer. Genetisch stehen wir den höheren Affen erstaunlich nahe; wir sind fast identisch mit einer ganzen Reihe vorangegangener hominider Spezies, von denen wir doch keine gern zu Hausnachbarn hätten. Und doch hat *Homo sapiens subsapiens* eine ganze Reihe von sehr unterschiedlichen Typen im Verlauf seiner Geschichte produziert. Nur fünftausend Jahre sind seit dem Erscheinen des *Homo classicus* vergangen, eintausend Jahre seit dem *Homo mediävalis* und vierhundert Jahre seit dem *homo modernus*. Alle diese Homines haben andere Kulturen hervorgerufen, andere Gesellschaften und andere Zeitalter, obgleich ihre Gene immer die gleichen waren. Es sind nämlich keinesfalls die Gene, die die Art und Form eines Zeitalters bestimmen. Die genetische Erbschaft des Sapiens ist großzügig genug angelegt, um eine Unzahl von Zeitaltern und Gesellschaften zu erzeugen, viel mehr als sie je in unserer Geschichte zustande gekommen sind. Dem *Homo modernus* könnte ein noch undefinierter *Homo post-modernus* folgen. Wenn dieser *Homo post-modernus* gut gelingt, dann würde das nächste Zeitalter strahlend. Wir brauchen daher nicht zu bedauern, dass wir nicht in der Lage sind, einen genetisch neuen Menschen zu schaffen. Was wir brauchen, ist nicht ein biologisch, sondern ein kulturell mutiertes Menschenwesen.

Bei genauerem Hinsehen stellt sich heraus, dass die Faktoren, die unsere vorhersehbare Zukunft bestimmen, soziokultureller Art sind. Eines Tages, in einer noch sehr fernen Zukunft – wenn wir sie je erleben – werden wir tatsächlich biologisch mutieren. Aber dieses Ereignis ist nicht vorhersehbar, und es ist unwesentlich, was unsere Zukunft betrifft. Unsere überschaubare Zukunft wird von der kulturellen Evolution der Gesellschaft bestimmt sein und nicht von der biologischen Evolution des Menschen.

Wie steht es aber mit der gesellschaftlichen Evolution? Ist sie vorhersehbar oder ist sie es nicht? Nur wenige Menschen werden meinen, dass die Entwicklung einer Gesellschaft genauso gut vorhergesagt werden kann wie der Stand der Zeiger auf der Uhr. Es gibt jedoch andere Arten und Stufen des Determinismus, und die Frage, wie und bis zu welchem Grade eine Gesellschaft determiniert ist, wird zur Zeit eifrig debattiert. Auf der einen Seite stehen jene Philosophen und Sozialtheoretiker, die glauben, dass die menschliche Gesellschaft von ehernen Gesetzen regiert wird – historischen Gesetzen, die die Zukunft ebenso bestimmen, wie sie die Vergangenheit bestimmt haben. Und am anderen Extrem verneinen andere Denker und Wissenschaftler jede Art und jeden Grad von Determinismus in bezug auf die Gesellschaft. Sie meinen, die Gesellschaft habe keine vorgezeichnete Entwicklungslinie, sondern bahnt sich ihren eigenen Weg durch Zufälle und Umstände.

Eine Gesellschaft muss aber nicht nach mechanischen Gesetzen funktionieren, um in ihrer Entwicklung vorhersagbar zu sein. Es ist möglich, dass die aufeinanderfolgenden Stadien einer Gesellschaft im Fortgang ihrer Geschichte nicht einem „Drang" der wechselnden *Bedingungen* und Erfordernissen folgen, sondern mehr auf ein *Entwicklungsziel* „hingezogen" werden. Eine Gesellschaft könnte zu ihrem vorherbestimmten Zustand durch eine Kraft gezogen werden, die stärker ist als alles, was dem entgegenwirkt. Das Zugkonzept ist teleologisch, dass heißt zielbestimmt, und typischerweise sind die Anhänger dieser Vorstellung Mystiker und Menschen von tiefen, religiösen Überzeugungen. Solche Menschen glauben oft an eine Kraft, die die Gesellschaft auf ihrem Weg entlangzieht und daher die Zukunft vorhersehbar macht. Diese Kraft könnte in der Natur liegen oder auch jenseits von ihr: Sie könnte ein mystisches Prinzip sein, das im Kern der Realität eingebettet liegt, oder ein göttlicher Wille, der das Universum transzendiert und sein Schicksal von oben bestimmt.

Die Zukunft unserer Gesellschaft ist vorhersagbar, wenn es determinierende Faktoren des soziokulturellen Wandels gibt und wenn wir sie kennen. Diese Faktoren könnten eherne Gesetze, Naturgesetze oder auch ein transzendenter Wille sein. Eine Erkenntnis wäre möglich durch die empirischen Methoden der Wissenschaft, durch Glaube und religiöse Überzeugung oder durch mystische Erfahrung. Was allein zählt, ist, dass es solche Faktoren gibt und dass wir sie erkennen.

Wenn sie tatsächlich existieren und wenn wir sie tatsächlich kennen, können wir unsere Zukunft voraussagen.

Wenn die Faktoren des soziokulturellen Wandels völlig determinierend sind und wir auch eine angemessene Kenntnis von ihnen haben, sind wir in einer fatalistischen Situation. Die Zukunft wird sein, wie sie sein muss: „Que sera, sera". Wir mögen dann zwar noch wissen wollen, was das nächste Jahr oder das nächste Jahrhundert bringt, aber dieses Interesse wird mehr aus Neugierde geboren sein als aus dem Wunsch, unser Schicksal zu meistern. Die Zukunft vorherzusagen wird damit zu einem Puzzlespiel. Die Lösung liegt schon vor; wir haben nur noch die Aufgabe, sie zu finden.

Eine so vollständige Vorhersagbarkeit mit ihren fatalistischen Konsequenzen wird von den Wissenschaften kaum behauptet und nur selten von Stimmen aus dem religiösen Bereich. Immer bleibt irgendwo ein Spielraum für bewusstes, absichtsvolles Handeln, für das Eingreifen in einen sonst weitgehend determinierten Prozess. So haben Marx und Engels zum Beispiel Gesetze der Geschichte postuliert, die nach ihrer Ansicht den Lauf der Gesellschaftsentwicklung weitgehend festlegen. Aber selbst sie haben nicht behauptet, dass diese Gesetze das Geschehen bis ins Letzte determinieren. Obgleich das Ziel der kommunistischen Gesellschaft für die ganze Menschheit vorausbestimmt sei, erfordere ihre Verwirklichung ein absichtsvolles, menschliches Handeln.

Sogar im Determinismus der kommunistischen Lehre gibt es immer noch Spielraum für einen menschlichen Faktor. Der Endzustand mag derselbe sein, aber je nach der Stufe des historischen Bewusstseins, das in einer Gesellschaft herrscht, können die Wege zu ihrer Verwirklichung außerordentlich vielfältig sein. Auch in den meisten großen Religionen und in vielen Hauptströmungen des mystischen Denkens gibt es für den menschlichen Willen und die menschliche Absicht noch genügend Möglichkeiten, eine sinnvolle Rolle zu spielen. Während diese Rolle gelegentlich dahingehend verkürzt wird, dass das einzige Ziel das Erreichen des individuellen Heils ist (wie es einige orthodoxe christliche Lehren vertreten), so wird doch in der Mehrzahl der Fälle ein ethisches Handeln des Individuums als äußerst wichtig und wünschenswert angesehen: Es mildert Leiden, beseitigt Unrecht, knüpft Bande der Liebe und der Achtung und führt zu einem individuell erfüllten Dasein, ebenso wie zu sozialer Gerechtigkeit.

Wenn wir sorgfältig nachdenken, dann erweist sich die Annahme als falsch, dass die Zukunft in vollem Maße und in unerbittlicher Weise determiniert ist. Wir müssen zugeben, dass das menschliche Handeln den Verlauf der Ereignisse in gewisser Weise beeinflusst und den Pfad verändert, den die gesellschaftlichen Entwicklungen nehmen. Es ist unvernünftig anzunehmen, dass sich die Zukunft schicksalhaft ereignet. Obgleich die Umrisse im allgemeinen vorhersehbar sein können, ist die Zukunft doch in Einzelheiten nicht vorhersehbar. Schließlich leuchtet es ein, dass man die Zukunft nicht vollständig erkennen kann, wenn man sie erst gestalten muss.

Diese Überlegungen sagen uns also, dass wir nicht genau vorhersagen können, welche Art Gesellschaft sich bilden wird. Aber wie auch immer das Zeitalter sein mag, das auf die Moderne folgt, seine Umrisse, seine Form werden vom menschlichen Wollen und Handeln mit beeinflusst werden.

Natürlich besteht auch die andere Möglichkeit, dass die Zukunft in *keiner* Weise determiniert ist. Es könnte ja sein, dass menschliches Handeln nicht nur die Entwicklung einer gewissen Art von Gesellschaft fördert oder vorübergehend blockiert, sondern völlig darüber entscheidet, welche Art von Gesellschaft gestaltet wird. Das ist eine edle Vorstellung von der menschlichen Freiheit, aber auch sie enthält einige Schwierigkeiten.

Der Wille und die Absicht des Menschen sind zwar wichtige Faktoren bei der Gestaltung der Gesellschaft in ihrer gegenwärtigen Form, aber die Gesellschaft ist nicht, was sie ist, weil Menschen sie bewusst gewollt und diesen Willen konsequent in die Tat umgesetzt haben. Niemand hat bisher ganze Gesellschaften entworfen und „gebaut". Man hat Geschäftsunternehmen geplant, es gibt sogar geplante Gemeinden. Politische Systeme sind nach Plänen bewusst gestaltet worden und Technologien sind dazu benutzt worden, allen diesen Planungen Gestalt zu geben. Aber die menschliche Gesellschaft mit all ihren Institutionen, Gesetzen und Sitten, ihrem Netzwerk interpersoneller Beziehungen, ihrer physikalischen, biologischen und technischen Infrastruktur ist nicht ein Produkt bewussten menschlichen Willens. Vielmehr ist sie ein historisches Produkt, ein großes, komplexes System, in dem der individuelle Wille wichtig ist, wo er aber nicht eine einzigartige und einzig ausschlaggebende Rolle spielt.

Wenn also die Gesellschaft nicht das Produkt eines bewussten menschlichen Planes ist, dann ist sie entweder das Ergebnis von Gesetzen, die auf sie wirken, oder sie ist ein zufälliges Ergebnis von Faktoren, die die Entwicklung gerade in der vorliegenden Form beeinflusst haben. Auf den ersten Blick ist eine solche Zufallshypothese reizvoll. Schließlich ist ja die Geschichte, wie jeder Historiker weiß, voll von Überraschungen. Ereignisse in der Gesellschaft scheinen ebenso wie auf dem Aktienmarkt dem Zufall, wenn nicht der Laune, zu unterliegen. In turbulenten Zeiten gewinnen die Zufallsfaktoren noch an Bedeutung und eine Überraschung folgt der anderen. Das zaristische Russland verfiel den bolschewistischen Ideologien, obgleich Russland in keiner Weise eine bourgeoise Gesellschaft war und kein nennenswertes Proletariat hatte, geschweige denn eines, das geschichtsbewusst war. Das intellektuell hoch entwickelte Deutschland der Weimarer Republik erlag einem Hitler, obgleich die Nazisprüche und -theorien an Wahnsinn grenzten. Das China des Kuomintang wurde von Mao und seiner Gruppe von tausend Gefolgsleuten besiegt, obgleich deren Ideen der chinesischen Kultur und Geschichte völlig fremd waren. Der Schah von Iran, der selbsternannte König der Könige, hatte eine mächtige militärische und politische Gewalt zu seiner Verfügung und floh dennoch vor den Anhängern eines exilierten und uralten islamischen Fundamentalisten. Die gleiche Art von Überraschung wiederholte sich in Battistas Kuba, auf Marcos Philippinen und bei den abrupt wechselnden Bündnissen Äthiopiens und Benins, um nur einige der Überraschungen unseres Jahrhunderts zu nennen.

Historiker haben diese oder ähnliche Ereignisse nicht vorhergesagt und Politiker haben sie nicht erwartet. Auch die Wirtschaftswissenschaftler, Vorbilder an sozialwissenschaftlicher Präzision, werden oft von Entwicklungen überrascht. Sie haben den Börsenkrach der New Yorker Börse von 1929 nicht vorhergesehen und auch nicht den weiteren Krach vom Oktober 1987. Es ist daher verständlich, dass unser Zeitalter als Zeitalter der Ungewissheit bezeichnet wird.

Aber die Tatsache, dass unerwartete Ereignisse zu gewissen Zeiten und an gewissen Orten auftreten, bedeutet nicht, dass wir die Vorstellung, die Geschichte folge bestimmten Gesetzen, aufgeben müssen. Solche Überraschungen könnten entweder von Unwissenheit herrühren oder von einem Grad an Freiheit, der sich im Kern des historischen Prozesses findet. Wenn Überraschungen nur von Unwissenheit abhängig wären, könnte man sogar an eine völlige, fatalistische Vorherbestimmung glauben, wenigstens im Prinzip: Wir müssten dann nur hinzufügen, dass wir nicht wissen, was eine solche Vorherbestimmung in der Praxis mit sich bringt. Wir sind nicht deswegen überrascht, weil die Dinge nicht den Gesetzen oder dem Zug der natürlichen – oder göttlichen – Teleologie entsprechend verlaufen, sondern weil wir die betreffenden historischen Gesetze, die natürlichen Prinzipien oder die transzendenten Absichten nicht erkannt haben. Wenn andererseits diese Überraschungen daher kämen, dass es einen gewissen Grad von Freiheit in der Geschichte gibt, müssten wir die These vom fatalistischen Determinismus verwerfen. Aber immer noch könnte es eine dritte Variante des Determinismus geben, die wir „Makro-Determinismus" nennen wollen. Dieser würde bedeuten, dass im Rahmen der Geschichte die Ereignisse in ihrer allgemeinen Tendenz determiniert sind, nicht aber im Hinblick auf die Mikroprozesse, durch die diese Tendenzen ihren Ausdruck finden. Es könnte sogar eine Verbindung von Mikro-Indeterminismus und Makro-Determinismus geben. Wenn das der Fall wäre, dann könnten wir wohl ganze Strömungen, aber nicht einzelne Ereignisse vorhersagen.

Vor kurzem war es unter Wissenschaftlern noch Mode, dass man jede Art von Determinismus auf dem Gebiet der Gesellschaft ablehnte. Um einen berühmten und später verrufenen Ausspruch zu wiederholen: Die Geschichte wurde als „ein verdammtes Ding nach dem anderen" gesehen. Auf diese Art sah es der sogenannte Wiener Kreis in den ersten Jahrzehnten unseres Jahrhunderts. Zu ihrer Zeit erfüllten die Positivisten eine nützliche Funktion: Die europäische Gesellschaftsphilosophie und Geschichtsphilosophie waren durchdrungen von romantischen Vorstellungen und unhaltbaren Verallgemeinerungen über die menschliche Natur und das Schicksal der Gesellschaft, die auf überholten Vorstellungen der Physik und Biologie des 19. Jahrhunderts beruhten. Die Vorstellung von der Gesellschaft als einem riesigen Uhrwerk, das den newtonschen Gesetzen der Mechanik gehorchte, oder als einem überdimensionalen Organismus, der den Gesetzen des Dschungels unterworfen war, fanden sich Seite an Seite mit den theologischen Ideen von der Gesellschaft als Ausdruck des Willens Gottes und des „Naturgesetzes". Die Positivisten hatten berechtigte Gründe, auf Beweisen für solche Generalisierungen zu bestehen. Indem sie aber insistierten, dass nur unmittelbare Sinneswahrnehmungen Beweiskraft hätten, schossen sie weit über das Ziel hinaus. Die Forderung nach einer solchen strengen Reduktion würde zahlreiche Errungenschaften der Naturwissenschaften des 20. Jahrhunderts über Bord werfen und nicht nur die poetischen Verallgemeinerungen der Sozialphilosophie des 19. Jahrhunderts.

Die Positivsten haben viel von dem beiseite geräumt, was zu ihrer Zeit inakzeptabel war, aber sie haben nichts Akzeptables und Sinnvolles an dessen Stelle gesetzt. Man musste die Aufgabe, eine Theorie der historischen Evolution auf sicheren Grundlagen zu bauen, ganz von vorne beginnen. Wie wir noch sehen werden, ist eine solche Theorie tatsächlich seit Mitte unseres Jahrhunderts entwickelt worden – allerdings nicht immer von Historikern und auch nicht notwendigerweise von Sozialwissenschaftlern.

Neuere Entwicklungen in den Naturwissenschaften haben gezeigt, dass eine Erklärung, auch wenn sie von einem Gesetz abgeleitet wird, nicht immer etwas über ein einzelnes Ereignis aussagt. Es gibt sogenannte stochastische Gesetze, die das Ergebnis einer ganzen Gruppe von Einzelereignissen voraussagen können, wobei jedoch kein Einzelereignis wahrscheinlicher ist als ein anderes. Wenn es nun kein historisches Gesetz gibt, das das Stattfinden eines einzelnen Ereignisses zu einer bestimmten Zeit und an einem bestimmten Ort determiniert und damit vorhersagt, bedeutet dies nicht, dass die historische Evolution völlig dem Zufall überlassen bleibt. Selbst wenn die genaue Art und der zeitliche Ablauf von größeren historischen Vorgängen nicht aus deterministischen Gesetzen abgeleitet werden können, kann ihr Geschehen doch mehr als eine bloße Reihe von zufälligen Umständen sein. Vielleicht war es nicht ganz zufällig, dass im neolithischen Orient nomadische Jäger und Sammler sich in sesshafte Landwirte und Viehzüchter verwandelten oder dass mittelalterliche Gesellschaft sich auf den Weg machten zur ersten industriellen Revolution des 17. Jahrhunderts in Europa. Vielleicht liegen allen derartigen Ereignissen Gesetze und Regelmäßigkeiten zugrunde, die auf Wahrscheinlichkeiten beruhen. Selbst wenn der Wust von Daten so komplex erscheint, dass er chaotisch genannt werden könnte, ist es absolut vernünftig, nach einem Muster in der Geschichte zu suchen.

Muster in der Geschichte können nicht nur die Vergangenheit klären, sondern auch die Zukunft. Die Frage ist nun: Welche Art von

Mustern gibt es? Es gibt nicht so viele Möglichkeiten, wie es auf den ersten Blick erscheint. Mit gesundem Menschenverstand können wir uns schnell orientieren. Wenn die Gesellschaft sich durch die geschichtliche Zeit bewegt, muss diese Bewegung einigen Mustern entsprechen, die wir schon kennen. Zu diesen Mustern gehören mindestens die folgenden:

- eine permanent kreisförmige oder zyklische Bewegung;
- eine kreisförmige Bewegung, die nicht zu ihrem Ausgangspunkt zurückkehrt, sondern spiralförmig auf- oder absteigt;
- eine lineare Bewegung aufwärts oder abwärts;
- eine nichtlineare, gezackte, aber trotzdem gerichtete Bewegung auf- oder abwärts, mit Stopps und Starts, mit Sprüngen und Rückfällen.

Keine dieser Bewegungen muss notwendigerweise auf jeden Aspekt der Gesellschaftsentwicklung einwirken. Es genügt, wenn Muster, die diesen grundlegenden Vorstellungen entsprechen, sich als Langzeittendenzen erweisen, die auf ganze Gesellschaften anwendbar sind. Unter einer solchen nicht fatalistischen Perspektive findet man für jeden dieser vernünftigen Bewegungstypen aussagekräftige Beispiele in der Geschichte. Wir wollen sie uns einzeln ansehen.

Das zyklische Muster

Die kreisförmige Bewegung der Gesellschaft durch die historische Zeit legt eine Art „ewige Wiederkehr" nahe. Die Dinge verändern sich zwar, aber nicht auf Dauer. Obgleich sich alles verändert, kehrt auch alles nach einiger Zeit wieder. Die Zukunft ist nichts ganz Neues; in ihren wesentlichen Aspekten ist sie eine Wiederholung der Vergangenheit. Diese Theorie wurde in der westlichen Geistesgeschichte durch Nietzsche bekanntgemacht, aber er hat sie nicht erfunden. Vermutlich war sie die vorherrschende Vorstellung in den frühen Viehzucht- und Agrargesellschaften, angeregt durch die scheinbar ewige Wiederkehr der Jahreszeiten.

In der menschlichen Geschichte scheint diese zyklische Geschichtsvorstellung durch den Lauf der Ereignisse im chinesischen Kaiserreich bestätigt zu werden. Seit Anfang der ersten Dynastie im Jahre 221 v. Chr. bis zur Revolution, die die letzte Dynastie im Jahre 1911 n. Chr. niederwarf, hat die Gesellschaft dort keinen nennenswerten Fortschritt gemacht: Das gleiche Muster wiederholte sich immer wieder. Perioden der sozialen und politischen Integration unter einer machtvollen Dynastie folgten Perioden der Desintegration unter dem Einfluss äußerer Invasionen oder innerer Revolten. Auflösungserscheinungen wurden ihrerseits durch eine neue Integration abgelöst, sobald eine andere Dynastie an die Macht kam und die aufgelösten Teile zu einer neuen Einheit zusammenführte.

Unter dem Aspekt der Zyklik wiederholen sich die Ereignisse nicht genau in derselben Weise – sie wiederholen sich nur in einer analogen Form: Alle Gesellschaften, Nationen und Kulturen folgen in ihrer Entwicklung den großen Zyklen der Geschichte. Die zyklische Auffassung hatte viele Anhänger. Die bekanntesten sind Giovanni Vico, Oswald Spengler und Arnold Toynbee. Vico hat in seinem großen Werk „Die neue Wissenschaft" von 1725 die Vorstellung vertreten, dass alle Kulturen einem Zyklus folgen, den er *Corso* nennt. Die Kulturen entwickeln sich als Reaktion auf die Bedürfnisse und Wünsche, die zu bestimmten Zeiten innerhalb ihres Zyklus auftauchen. Selbst wenn sie Ideen, Institutionen und Werte von anderen Kulturen, Nationen und Gesellschaften übernehmen, wählen sie nur das aus, was ihren zyklusspezifischen Bedürfnissen entspricht. Vico unterteilte diese Zyklen in das heroische, das religiöse und das philosophische oder wissenschaftliche Stadium. Der dritten und höchsten Stufe folgt immer eine Periode des Verfalls und der Dekadenz, die dazu führt, dass ein neuer Zyklus im Rahmen einer anderen Kultur begonnen wird. Jeder Zyklus endet damit, dass die Individuen nur noch nach ihren eigenen Interessen streben und Vergnügungen suchen. Nachdem Kulturen einen solchen *Corso* durchlaufen haben, lösen sie sich auf – es sei denn, sie lernen, die „neue Wissenschaft" zu benutzen und sich selbst zu befreien.

Diese These von der Auflösung der Gesellschaft am Ende eines natürlichen Zyklus wurde von Oswald Spengler in seinem berühmten Buch „Der Untergang des Abendlandes" wieder aufgegriffen (1918). Er war stark von den Ideen Nietzsches beeinflusst und behauptete, dass Kulturen ganz ähnlich wie Individuen ihren eigenen Lebenszyklus hätten. Sie durchschritten die Stadien der Geburt, des Wachstums, der Reife und des Greisenalters. Er hatte die Absicht, eine „Morphologie der Geschichte" zu schreiben, ein vergleichendes Studium der Kulturen. Dabei beschrieb Spengler die Kulturen Ägyptens, Indiens, Babylons, Chinas, des klassischen Altertums, des Islams, des europäischen Westens und Mexikos. Jede dieser machtvollen Kulturen, sagt er, hinterließ in der Menschheit ihren Abdruck, während die Menschheit selbst ihren eigenen Lebenszyklus durchläuft. Im Endstadium des Zyklus erzeugen die Kulturen eine „Zivilisation". Danach befindet sich jede Kultur auf dem Wege zum Untergang – wie Spengler das seinerzeit vom Abendland annahm.

Spenglers Ideen haben ihrerseits eine andere Schlüsselfigur in der Geschichtsschreibung beeinflusst: Arnold Toynbee. Arnold Toynbee erzählt, als er 1920 Spenglers „Untergang des Abendlandes" las, habe die Vorstellung von einer Vielzahl von Kulturen, von denen jede ihrem zyklischen Muster folge, einen tiefen Eindruck bei ihm hinterlassen. Toynbee fand bald eine bedeutsame Parallele zwischen der Geschichte des alten Griechenlands und Roms und dem des modernen Europa. Der Erste Weltkrieg erschien ihm als eine Neuauflage des Peloponnesischen beziehungsweise Punischen Krieges. Er weitete später diese Parallele zu der Vorstellung eines universalen Kulturzyklus aus, den er das „tragische Muster" nannte. Das große Schema dieses tragischen Musters wandte Toynbee auf etwa dreißig Kulturen an, die er in der Form von dreizehn Grundkonzepten beschrieb und dabei zeigte, wie Kulturen vom Wachstum zum Zusammenbruch fortschreiten – dem heute der Aufstieg eines Universalstaates und einer universellen Kirche folgt. Als Ergebnis von Angriffen von außen und Revolten von innen kann sich aus der Raupe der Kirche der Schmetterling einer neuen Kultur entfalten. Obgleich Toynbee später von einer höchsten geistigen Realität sprach, die der Geschichte ihre endgültige Bedeutung gäbe, hing doch sein eigentlicher Einfluss von dieser zyklischen Betrachtungsweise ab, die er in seinem berühmten Werk „A Study of History" (1934–1954) niedergelegt hatte.

Die zyklische Betrachtungsweise löste eine ganze Serie von Diskussionen in den fünfziger Jahren aus, in deren Verlauf Toynbees „tragisches Muster" allgemein abgewertet wurde, was in ähnlicher Weise schon vorher bei den Diskussionen in den zwanziger Jahren mit Spenglers Theorie des Lebenszyklus der Kulturen geschehen war.

Das Spiralmuster

Die Vorstellung von der kreisförmigen oder zyklischen Wiederkehr ist nur eine Variante der historischen Bewegung, wie sie in Visionen und Theorien über die Entwicklungen der Geschichte zum Ausdruck kommt. Eine andere Variante ist die Spirale oder die Helix, um einen mehr wissenschaftlichen Ausdruck zu benutzen. Diese Vorstellung fügt dem Bilde eine Idee des Fortschritts hinzu. Alle Dinge kehren wieder, aber sie kehren nicht auf dieselbe Art wieder. Entsprechend dem Standpunkt oder den Vorstellungen von Fortschritt (man kann auch in negativer Richtung fortschreiten, was dann zum Rückschritt führt) sagt man, dass die Dinge besser oder schlechter werden. Der wiederkehrende Aspekt ist gekennzeichnet durch einen fortschreitenden Wandel bei jeder Wiederkehr. Der Wandel geschieht in positiver Richtung, wenn der Mensch zum Beispiel von einem primitiven Zustand der Tierhaftigkeit zu einem Zustand des Aufgeklärtseins, der Erlösung oder der vollen Entwicklung seiner göttlichen Seele fortschreitet. Der Wandel geht in eine negative Richtung, wenn die Menschheit von einem vergangenen goldenen Zeitalter zu einem ungewissen, unerfreulichen Zustand der Aggression, der Gewalt und der Tierhaftigkeit absteigt.

Diese spiralige Auffassung ist historisch jünger als die kreisförmige. Um eine klare Ausrichtung zu erkennen, die dem scheinbar chaotischen Durcheinander von Ereignissen unterliegt, bedarf es entweder einer Kenntnis der weiter zurückliegenden Vergangenheit, als die Umstände sich noch deutlich von denen der Gegenwart unterschieden, oder eines genügend schnellen und daher leichter wahrnehmbaren Wandels in der jüngeren Vergangenheit. Frühere Gesellschaften hatten weder das eine noch das andere; sie konnten daher nicht die Vorstellung entwickeln, dass die Umstände sich wirklich in einer unumkehrbaren und irreversiblen Weise ändern könnten. Noch während des Mittelalters schien ein dauerhafter Fortschritt in der Geschichte unwahrscheinlich. Wenn ein solcher Fortschritt angenommen wurde, konnte er nur in Verbindung mit dem Jenseits wahrgenommen werden, wie etwa in Augustinus' Gottesstaat. Als sich aber die modernen Wissenschaften von den christlichen Lehren freimachten und eine Verbindung mit dem traditionellen Handwerk eingingen, aus dem sich schrittweise die moderne Technik entwickelte, ergaben sich Veränderungen in der europäischen Gesellschaft mit einer Geschwindigkeit, dass sie der allgemeinen Aufmerksamkeit und dem öffentlichen Bewusstsein nicht länger entgehen konnten. Es ist nicht überraschend, dass eine aufwärts gerichtete Spirale das beherrschende Muster in der optimistischen Entwicklungsvorstellung des 19. Jahrhunderts wurde.

Der Wissenschaftsphilosoph Herbert Spencer war einer der Hauptvertreter dieser Vorstellung. Er definierte die historische Entwicklung als Teil eines allgemeinen Wandlungsprozesses vom Zustand relativ unbestimmter, unzusammenhängender Gleichartigkeit in einen Zustand stärker definierter und zusammenhängender Verschiedenartigkeit. Obgleich Spencer von einer fortschrittlichen und ungebrochenen Evolution sprach, machte er doch klar, dass der soziale Fortschritt wie auch jeder andere Fortschritt nicht linear, sondern spiralförmig verläuft, wobei die verschiedenen Elemente einer Stufe auf einer neuen Stufe in neuer Qualität und damit neuen Seinsweise wieder auftauchen. Der Sozialdarwinismus war eine fehlgeleitete Verallgemeinerung von Spencers (und William Graham Sumners) Ansicht, die von konservativen Elementen begierig aufgegriffen wurde, weil sie nichts tun wollten, um die Leiden der Randgruppen in der Gesellschaft zu mildern.

Aber es war der marxistische Historische Materialismus, der sich zur einflussreichsten Spiraltheorie entwickelte. Anstelle von Darwins natürlicher Auslese setzten Marx und Engels auf Hegels Dialektik und sahen darin den Motor der Evolution, der einen klar erkennbaren spiraligen Aufstieg in der Geschichte bewirkte. Sobald Privateigentum eingeführt wird, beginnt der zyklische Prozess von Klassenkampf, Revolution und erneutem Klassenkampf, und dieses Muster wiederholt sich auf immer höheren Ebenen der geschichtlichen Entwicklung. Die marxistische Spirale hat ein flaches Obergeschoss: Der soziale Wandel wird in einer kommunistischen Gesellschaft scheinbar ein für alle Male stabilisiert. Da der Epoche des sozialen Wandels eine andere kommunistische Epoche, nämlich der primitive Kommunismus, voranging, ist die ganze Struktur der marxistischen Geschichtstheorie in einem einzigen großen Zyklus enthalten: dem Zyklus vom primitiven zum höheren Kommunismus, ausgelöst durch den Kampf um Macht und Eigentum in Gesellschaften, die durch den Besitz von Produkten und Menschen gekennzeichnet sind und der mit der Abschaffung des Privateigentums in allen seinen Formen endet.

Das lineare Muster

In dem Maße, wie einerseits die zyklischen und spiraligen Konzepte angegriffen wurden und immer mehr in Misskredit gerieten (außer dort, wo der Marxismus zur Staatslehre erklärt worden war) und wo andererseits der technologische Fortschritt eine immer größere Euphorie erzeugte, trat die Vorstellung vom geschichtlichen Fortschritt als einem ständigen, gesicherten und linearen Prozess immer mehr in den Vordergrund. Vor der Französischen Revolution war die Idee des Fortschritts als selbstverständlich angenommen und nicht genauer untersucht worden. Erst nach der Revolution fing man an, nach einem allgemeinen Gesetz zu suchen, das diesen Fortschritt definieren und ihm einen endgültigen Platz zuweisen könnte. Diese Suche spiegelt sich schon 1795 in dem Essay des Marquis de Condorcet mit dem Titel „Skizze des intellektuellen Fortschritts der Menschheit" wider. Hier verkündete der französische Aristokrat, dass alle Ursachen, die zur Verbesserung der menschlichen Spezies beitragen, auf Dauer aktiv bleiben und dass ihr Ausmaß ständig zunimmt. Die Zivilisation bewegt sich immer in wünschenswerter Richtung vorwärts. Mit Darwins Werk „Ursprung der Arten" in der Mitte des 19. Jahrhunderts wurde eine neue Stufe in der Entwicklung der Fortschrittsidee erreicht. Die Ansichten des Marquis de Condorcet wurden „wissenschaftlich" bewiesen: Der Fortschritt wurde inthronisiert als wünschenswert, wahr, ewig, ja unvermeidlich. Die erste industrielle Revolution verstärkte noch diese optimistische Ansicht des sozialen Fortschritts, als sich die ersten Wunder der Technik zeigten. Die Technik würde die Lebensbedingungen jedes Jahr weiter verbessern und die Verbesserung der Lebensbedingungen würde zu einer entsprechenden Verbesserung der Lebensqualität führen und schließlich zu einer Verbesserung des Lebendigen schlechthin.

Bis vor kurzem war die Vorstellung von linearem Fortschritt, verbunden mit technischem Optimismus in der Gesellschaft, deutlich vorherrschend. Um ihren Einfluss zu dämpfen, brauchte es eine Reihe von Erschütterungen wie zum Beispiel die Entwicklung der Atombombe, die nuklearen Katastrophen von Three Mile Island und Tschernobyl sowie erste negative Auswirkungen auf die Umwelt wie den sauren Regen und die Verschmutzung der Städte, Ölaustritte und die Verdünnung der Ozonschicht. Diese Ereignisse haben dazu geführt, dass der lineare Fortschritt angezweifelt wurde. Es entwickelte sich ein Technologiepessimismus, der seinen Ausdruck in den „Grenzen des Wachstums" fand: Es wird dazu kommen, dass wir die Umwelt schädigen, dass wir unsere Städte überbevölkern, dass es uns nicht gelingt, den Rüstungswettlauf zu beenden, bis die eine oder andere schlimme Katastrophe über uns hereinbricht.

Obwohl viele junge Leute und Intellektuelle heute einem solchen Pessimismus zuneigen, setzten die Technologieoptimisten ihren Kreuzzug fort, indem sie auf neue Wunder für das nächste Jahrhundert verweisen. (Typisch für solch eine Einstellung ist die Ausgabe von November 1988 der US-Zeitschrift *Discover*, die der Welt der Wissenschaft gewidmet ist. Diese Spezialausgabe hatte den Titel „2001 – Wie wird das Leben wirklich sein?" Dort erscheint das Leben als ein supertechnisches Paradies mit Hochgeschwindigkeitszügen, Autos mit intelligenten Computern, sorglosen Flügen, einer Medizin, die den menschlichen Körper Stück für Stück „runderneuern" kann, Robotern, die auf Zuruf den gesamten Haushalt erledigen und überhaupt jede Arbeit, die der Mensch nicht mehr tun möchte oder kann. Der Herausgeber tat allen Pessimismus mit einem einzigen Satz ab, der, wenn er ernst genommen wird, einen deutlich bedrohlichen Klang hat: Auf das 21. Jahrhundert können wir uns freuen, wenn wir es vermeiden können, uns selbst in die Luft zu jagen, die Wälder zu vernichten und unser Wasser ungenießbar zu machen ...)

Die Vorstellung eines dauernden, im Grunde genommen linearen Fortschritts ist nicht auf das Gebiet der modernen Wissenschaft und Technik beschränkt, es gibt sie auch auf geistigem Gebiet. Ihr bekanntester Vertreter in diesem Jahrhundert ist der Biologe und Theologe Pierre Teilhard de Chardin. Teilhard hat die naturwissenschaftliche „Schubhypothese" der geschichtlichen Entwicklung mit der theologisch-mystischen „Zughypothese" verbunden. In Bezug auf die erstere spricht er davon, dass die Vernunft der Erde sich öffnet und in Richtung auf Gott explodiert. Diese Seite der Evolution erfolgt durch „Konvergenz" oder „Zusammenführung": Es handelt sich um eine Art Kompression durch die Bildung immer engerer Beziehungen zwischen einer immer größeren Zahl von Systemen und Organismen auf einem endlichen Planeten. Schließlich wird die Menschheit rund um ihre planetarische Gebärmutter eine Noosphäre schaffen, eine einzige organische Einheit, in sich selbst geschlossen und mit der Erde koexistent. Was nun den „Zug"-Faktor anbetrifft, so spricht Teilhard von der Vernunft Gottes, die unten auf dem Planeten Wurzeln schlägt und aus ihm Nahrung zieht. Unter diesem Gesichtspunkt gibt es ein göttliches Zentrum der Zusammenführung, den Punkt Omega. Von diesem universalen Zentrum aus emanieren Strahlungen, die bisher nur von Mystikern wahrgenommen wurden, deren Wahrnehmung sich in Zukunft aber weit verbreiten wird, in dem Maße, wie das Bewusstsein der Menschheit mit zunehmender Planetisation wächst. Diese zweifache Bewegung stellt Teilhards Fortschrittsidee dar: ungebrochen und dauernd, eine Quelle der Hoffnung für die heutige gespaltene Menschheit.

Das nichtlineare Muster

Die nichtlineare Vorstellung von Geschichte ist in der intellektuellen Szene relativ neu. Während gewisse Elemente einer Vorstellung der historischen Entwicklung als gerichtet, aber nicht linear, als kontinuierlich, aber mit Starts und Stopps durchmischt, in westlichen ebenso wie in östlichen Mythen und Philosophien zu finden sind, musste die vollständige Anerkennung der nichtlinearen Geschichtsauffassung als neues Paradigma auf das Erscheinen der modernen Systemtheorien warten. Diese Auffassung wurde allerdings von einem verhältnismäßig wenig bekannten Propheten des 19. Jahrhunderts vorweggenommen.

Vor über hundert Jahren verkündete der Gründer der Bahá'í-Religion, Bahá'u'lláh, dass die Einheit der Menschheit in evolutionären Etappen, die mit Streit, Chaos und Verwirrung belastet sind, verwirklicht werden wird. Die historische Entwicklung beginnt mit dem Auftauchen der Familie, mit dem Erscheinen von Stammesgesellschaften und setzt sich fort mit der Bildung von Stadtstaaten und anderen politischen Einheiten. In neuerer Zeit haben sich diese Einheiten der menschlichen Gesellschaft zu unabhängigen, souveränen Nationen ausgeweitet. Die Bildung der Nationen ist jetzt allerdings zu einem Abschluss gekommen. Nationen müssen jetzt ihren Anspruch auf Souveränität aufgeben und sich in einer Weltgesellschaft zusammenschließen, deren Kennzeichen Einheit in der Vielfalt ist: eine

Welthilfssprache, ein einziges Glaubenssystem, eine Weltbundesregierung sowie vollständige Entmilitarisierung, jedoch in allem unendliche Vielfalt. Die Weltgesellschaft ist die Erfüllung, der Höhepunkt der menschlichen Evolution und sie wird durch Perioden der Umwälzungen hervortreten.

Bahá'u'lláh schrieb im Laufe einer lebenslangen Gefangenschaft in der osmanischen Festungskolonie 'Akká während der zweiten Hälfte des vorigen Jahrhunderts und stellte fest: „Die Winde der Verzweiflung wehen aus jeder Richtung, und der Hader, der das Menschengeschlecht spaltet und peinigt, nimmt täglich zu. Die Zeichen drohender Erschütterungen und des Chaos sind jetzt deutlich zu sehen ..." (Botschaften aus Akka, 11:27). Heute, hundert Jahre später, erkennen seine Anhänger, die Mitglieder der schnell wachsenden Bahá'í-Weltgemeinschaft, diese nichtlineare Evolutionstendenz an und weihen sich der Aufgabe, die Verwirklichung einer Weltgesellschaft zu fördern, unabhängig von dem Spektakel der Kriege und Konflikte zwischen den Nationalstaaten, die auf ihrer Souveränität beharren, und unabhängig von der Verfolgung ihrer Glaubensbrüder im Iran, dem Geburtsland ihres Glaubens.

Im Jahre 1933 hat Alfred North Whitehead einen Satz niedergeschrieben, der sich als der am häufigsten zitierte Ausspruch eines Philosophen des 20. Jahrhunderts erwiesen hat. „Es ist die Aufgabe der Zukunft, gefährlich zu sein", sagte Whitehead. „Die wesentlichen Fortschritte in der Zivilisation sind Prozesse, welche die Gesellschaft, in der sie sich manifestieren, fast zugrunde richten". Whitehead konnte nicht erklären, warum dies so ist. Er war sich dessen bewusst, dass die wissenschaftlichen Erkenntnisse seiner Zeit den Lauf der Geschichte nicht einmal auf ein Jahr voraussagen konnten, wie viel weniger die langfristige Zukunft der ganzen Menschheit. Aber die Wissenschaft hat seit Whiteheads Zeit große Fortschritte gemacht, und sein Ausspruch ist durch die neue evolutionäre Systemwissenschaft bestätigt und erklärt worden. Entwicklungsschübe und -sprünge in der Natur und in der Geschichte können heute ziemlich gut erklärt werden. Nichtlineare Entwicklungen haben sich als die charakteristischen Merkmale der Evolution in allen komplexen Bereichen erwiesen. Diese Entdeckung ist von äußerster Wichtigkeit, nicht nur theoretisch, sondern vor allem auf dem ungemein praktischen Gebiet des menschlichen Überlebens und Sichentwickelns: Die evolutionäre Systemtheorie kann die heutigen Generationen mit dem unerlässlichen, nicht mehr wegzudenkenden Minimum an solider Kenntnis versorgen, das für den verantwortlichen Eingriff in den sozialen Wandel notwendig ist.*)

Im Rahmen der neuen Wissenschaft von Evolution und Komplexität sind menschliche Gesellschaften im Grunde genommen nichts anderes als eine Variante eines komplexen Systems. Sie entfalten und behaupten sich in der Biosphäre in einem ständigen reichen Strom von Energie, Materie und Information. Sie spiegeln nicht nur den bewussten Willen ihrer Mitglieder wider, obgleich sie von deren bewussten und unbewussten Motivationen beeinflusst werden. Die Individuen können über die Strukturen und Prozesse, von denen sie ein Teil sind, etwas wissen oder auch nicht wissen, die Strukturen jedoch bestehen weiter und die Vorgänge in ihr entwickeln sich trotzdem, wenn auch nicht notwendig in der gleichen Weise.

Als unabhängige komplexe Systeme entfalten sich menschliche Gesellschaften im Laufe ihrer Geschichte durch vielfältige Bifurkationen. Diese finden sich eingestreut zwischen langen Perioden der Stabilität, denn sie markieren die Hoch- und Tiefpunkte bei den scheinbar zufälligen Oszillationen der revolutionären Perioden von Instabilität. Am Grunde dieser Vorgänge gibt es eine allgemeine Gerichtetheit, eine langfristige Tendenz, die sich von der frühesten Vorgeschichte bis zum heutigen Tage entfaltet hat und dies sehr wahrscheinlich auch weiterhin tun wird. Wir können sie am besten erkennen, wenn wir frühe Gesellschaften mit den heutigen vergleichen.

Es gibt eine Reihe offensichtlicher, aber auch einige schwer erkennbare und doch bedeutsame Unterschiede zwischen einer steinzeitlichen Gesellschaft und den modernen, industriellen Nationalstaaten.

Zunächst einmal war die Struktur eines steinzeitlichen Stammes bedeutend weniger komplex als die Struktur moderner Gesellschaften. Zweitens konnten Steinzeitgesellschaften viel weniger Energie aus der Umwelt gewinnen, lagern oder nutzen. Folglich waren ihre Gesellschaften dem thermodynamischen Gleichgewicht näher als die

---

*) Interessierte Leser, die sich mit den neuen Erkenntnissen der Systemtheorie weiter befassen wollen, finden einen Abriss ihrer Grundelemente im Anhang.

heutigen. Wenn große Mengen von Energie durch Gesellschaften gewonnen und gelagert und in ihren verschiedenen Subsystemen von Produktion, Verbrauch, Dienstleistung und Verwaltung genutzt werden, sind diese „negentropisch", d. h. in einem Zustand des Ungleichgewichts. Drittens sind die Gesamtdimensionen moderner Gesellschaften ungleich größer als jene der Steinzeit. Sie breiten sich über viel größere Landstriche aus und sie besiedeln die Landschaft viel dichter. Schließlich sind moderne Gesellschaften auf viel mehr Ebenen der Koordination und der Entscheidungsfindung organisiert, als es jene der Jäger und Sammler des Paläolithikums waren. Heute leben mehr Menschen in dynamischeren und komplexeren Strukturen als je zuvor in der Geschichte.

Im Laufe der historisch belegten Geschichte ist der Verbrauch an Energie, die Größe der sozialen Einheiten sowie deren Komplexität und damit der Gebrauch von Information unablässig gewachsen, obwohl keineswegs gleichmäßig. In einigen geschichtlichen Perioden ist keine spürbare Bewegung in einer evolutionären Richtung festzustellen, in anderen ging diese Entwicklung außerordentlich schnell vor sich und wieder in anderen war sie rückläufig. Aber auch rückläufige Phasen der geschichtlichen Entwicklung stimmen mit dem evolutionären Muster überein. Das hängt damit zusammen, dass größere Störungen wie Kriege, soziale, politische und technologische Revolutionen die Strukturen der Gesellschaft destabilisieren. Regierungen kommen zu Fall, Systeme von Recht und Ordnung werden in Frage gestellt, neue Bewegungen und Ideen tauchen auf und können entscheidenden Schwung bekommen. Das Chaos ist jedoch kein Dauerzustand in irgendeinem der komplexen Systeme, auch nicht in dem von Gesellschaften. Komplexe Systeme enthalten Zufallselemente und durchlaufen chaotische Prozesse, aber ihre Grundstrukturen und Funktionen sind geordnet; Exzesse der Zufälligkeit und des Chaos werden normalerweise durch neue Varianten von Ordnung ersetzt. Auf lange Sicht gesehen entspricht das Zusammenspiel zwischen Ordnung und Chaos in der Geschichte der grundlegenden Evolutionstendenz.

Wie wir gesehen haben, gibt es vier verschiedene Spielarten von „Bewegungen", die den sozialen Wandel in der Geschichte repräsentieren: die kreisförmige, die spiralige, die lineare und die nichtlineare. In die Zukunft extrapoliert, kann uns jede dieser Bewegungsarten eine

Vorstellung der zukünftigen Gesellschaft vermitteln. Für das kreisförmige Muster wird die Zukunft nichts grundlegend Neues bringen, sie wird eine Wiederholung der Vergangenheit sein, wenn auch wahrscheinlich in anderer Verkleidung.

Die spiralige Auffassung betont das Neue bei der Wiederholungsphase, jede Wiederholung bewegt die Gesellschaft in der erkannten Richtung weiter, mag sie nun gut oder schlecht, wünschenswert oder abzulehnen sein. Wenn auch die Gesellschaft in Zukunft mehr oder weniger bleibt, wie sie in gewissen Phasen der Vergangenheit gewesen ist, markiert doch jeder neue Zyklus eine neue Etappe entweder im Aufstieg des Menschen zur Erleuchtung und zur vollen Realisierung seines Potenzials oder im Sinne eines Abstiegs in Richtung auf Tierhaftigkeit und „Sünde".

Aus der linearen Betrachtungsweise wäre die Gesellschaft der Zukunft der eben skizzierten weitgehend ähnlich. Wenn die Bewegung nach oben geht, würde die Gesellschaft zu einer positiven Utopie werden – was für moderne Menschen wahrscheinlich eine technologisch optimistische Science-Fiction-Welt wäre. Wenn sie sich abwärts bewegt, würde sie zu einer negativen Utopie, einer Dystopia, vielleicht zu einer atomverseuchten Wüste, die von einsamen Gruppen totgeweihter Überlebender durchstreift wird.

Was können wir über die Gesellschaft aussagen, die sich aus der nichtlinearen Betrachtungsweise ergibt? Wie wir gesehen haben, legt die Theorie komplexer Systeme nahe, dass sich Systeme, die sich in weiter Entfernung vom Gleichgewicht befinden, in Richtung auf einen Zustand entwickeln, der zunehmende Größe und Komplexität aufweist, der ein höheres Organisationsniveau zeigt, der größere Dynamik hat und der in engerer Interaktion zur Umwelt steht. Auf die soziale Ebene angewandt, sagt diese Theorie voraus, dass es zu einer weltweit integrierten, technologisch fortgeschrittenen Gesellschaft kommen wird. Es würden sich vielstufige Organisationsformen entwickeln, von der untersten Ebene landwirtschaftlicher Gemeinden und städtischer Nachbarschaften über Großstädte, Distrikte, Provinzen, National- und Bundesstaaten bis hin zu ganzen Subkontinenten und Kontinenten und schließlich zur Weltebene. Der weltweite Fluss an Information, an Energie und Material würde durch Institutionen und Organisationen auf jede dieser Stufen koordiniert werden, weil es eine enge Zusammenarbeit gäbe. Das weltweit integrierte System der

Menschheit würde auch in der Biosphäre integriert sein – es gäbe ein weltweit integriertes Natursystem.

Unter dem Blickwinkel der evolutionären Systemwissenschaften bildet die Gleichzeitigkeit von Differenzierung und Integration, von Mannigfaltigkeit und Einheit das Kennzeichen der Gesellschaft der Zukunft. Es gibt jedoch eine wichtige Warnung. Eine Extrapolation der neuen Theorien der evolutionären Systemwissenschaften bietet keine Garantie, dass sie in der Wirklichkeit erreicht werden. Die evolutionäre Logik ist nicht deterministisch. Wie alle anderen Prozesse in der Natur behält sich auch der historische Prozess ein beachtliches Maß von Zufälligkeit bei seiner Entfaltung vor. Die Verwirklichung einer integrierten und differenzierten Weltgesellschaft, wie sie für die Zukunft vorhersehbar wird, ist in der Praxis keineswegs sicher, weder auf kurze noch auf lange Sicht.

Auf kurze Sicht kann es zu allen Arten von Rückschlägen und Umwegen kommen. Wenn diese Rückschläge und Fluktuationen schlimme Katastrophen beinhalten, wird auch die langfristige Zukunft davon beeinträchtigt werden. Eine wesentliche Verschlimmerung der Umweltqualität würde zu einer bedeutenden Verminderung der menschlichen Bevölkerung führen, vielleicht sogar zu einem neuen, finsteren Zeitalter halbisolierter, sich gegenseitig bekriegender Gemeinschaften. Obgleich diese menschlichen Gemeinschaften mit der Zeit wieder erfolgreich und wohlhabend werden und sich erneut auf den beschwerlichen Weg in Richtung auf eine Weltgesellschaft machen könnten, könnte sich dieser Vorgang nur sehr langsam entfalten, falls lebenswichtige Prozesse der Umwelt ernsthaft gestört wären.

Sollten kurzzeitige Fluktuationen zu einem Konflikt führen, der zu einem Atomkrieg eskaliert, könnte die Errichtung einer systematisch integrierten Weltgesellschaft auf Dauer unmöglich gemacht werden. Der Planet wäre dann unbewohnbar für jegliche Lebensform außer Insekten und Gras. Sogar dies wäre nicht außerhalb des Normalen für das nichtlinear gerichtete Muster: Evolution führt oft dazu, dass das evolvierende System zugrunde geht. Etwa 99 Prozent all jener Arten, die zu irgendeiner Zeit diesen Planeten bewohnt haben, sind jetzt ausgelöscht, und ein großer Anteil der kulturell wichtigen spezifischen Menschengruppen und Gesellschaften, die im Laufe der Menschheitsgeschichte auftauchten, sind gleichfalls verschwunden. Nur die Zeit und das Ausmaß des Aussterbens wäre neu. Statt nur eine Art von

System zu betreffen, zum Beispiel eine lebende Spezies, eine Ökologie oder eine soziokulturelle menschliche Gruppe, würde diese Katastrophe die ganze Menschheit und die ganze Biosphäre in Mitleidenschaft ziehen und nicht Jahrhunderte oder Jahrtausende dauern, sondern Millionen von Jahren.

Die Verwirklichung einer Weltgesellschaft basiert auf einer Langzeitwahrscheinlichkeit, nicht auf einer kurzzeitigen Notwendigkeit. Auch die Langzeitwahrscheinlichkeit beträgt nicht hundert Prozent, da wir jetzt über Kräfte verfügen, die dazu ausreichen, alle evolutionären Prozesse für den Rest der Lebenszeit des Planeten auszulöschen. Wir können also nur sagen, dass wir dann, wenn wir unsere lebenermöglichende Umwelt nicht zerstören und wenn wir uns selbst und alle höheren Lebensformen nicht umbringen, früher oder später unseren Weg zu einer vielfältigen und doch integrierten Weltgesellschaft finden werden.

Diese Schlussfolgerung mag uns nicht befriedigen. Aber wir müssen uns daran erinnern, dass es schließlich und endlich an uns liegt, ob wir einen gangbaren, humanen Weg ins nächste Zeitalter finden. Von dem Erfolg bei diesem Unternehmen hängt es ab, ob eines der bemerkenswertesten Experimente der Natur eine Fortsetzung findet: das Experiment mit der Intelligenz, das Überleben und die weitere Entwicklung des *homo*, der sich selbst *sapiens* nennt.

Kapitel 8

Die holistische Allianz

Eines Tages Mitte März des Jahres 1944 erschien die ungarische humoristische Kinderzeitschrift „Ludas Matyi" (Matthias, der Gänsehirt) zwei Tage zu früh. Ich war damals elf Jahre alt, ein begeisterter Leser dieser Zeitschrift und freute mich, sie an den Zeitungskiosken von Budapest zu sehen. Ich kaufte mir sofort mein Heft und las wie gewöhnlich mit Eifer die verschiedenen Geschichten und Witze, aber ich war doch etwas verwirrt über die kühne Schlagzeile auf dem Titelblatt, die keine Beziehung zu dem übrigen Text dieser Ausgabe zu haben schien. Ich erinnere mich, wie ich das Heft meinen Eltern zeigte und fragte, was diese Überschrift zu bedeuten hätte. Sie wechselten einen besorgten Blick, aber antworteten nicht. Die Überschrift konnte klar an allen Zeitungskiosken in der Stadt gelesen werden und lautete: *„Achtung, aufgepasst, Matyi, – hier kommt die Kurve!"*

Am Abend desselben Tages erfolgte von Österreich aus die Invasion Ungarns durch die Hitler-Armee. Um Mitternacht rollten die Panzer in die Hauptstadt. Um zwei Uhr früh hielten viele kleine, cremefarbene Autos der Gestapo vor den Häusern und Wohnungen einflussreicher Ungarn, die entweder als Juden oder sonst als Antinazis bekannt waren. Kurze Zeit später kamen Dutzende von diesen Gestapo-Mannschaften zu ihren Autos zurück. Sie waren verwirrt, denn sie hatten keinen Erfolg gehabt. Die Adressen hatten sie von zuverlässigen Informanten bekommen, aber die Leute, die sie suchten, waren über Nacht verschwunden. Jene, die die Überschrift in „Ludas Matyi" gelesen hatten, wussten, dass „die Kurve" kommen würde; sie waren wachsam und vorbereitet.

Es gibt viele Möglichkeiten, auf eine Kurve vorbereitet zu sein. Wenn man auf der Liste der Gestapo steht, ist es das beste zu verschwinden. Wenn man ein Autorennen fährt, muss man bremsen, ehe man in die Kurve kommt, und hinterher Vollgas geben. Wenn es sich um die Biegung vor einer größeren Bifurkation in der Gesellschaft handelt, so ist es das Beste, die Situation sachlich zu beurteilen, Mut zu fassen und sich wachsam darauf vorzubereiten, ein neues Zeitalter mitzugestalten.

Die Nazizeit führte zu einer kritischen Veränderung in Europa; beinahe führte sie zu einer Bifurkation weg von der Zivilisation und hin zu einem Reich der arischen Supermänner. Wenn die Alliierten nicht rechtzeitig gehandelt hätten, wenn es nicht ungezählte Taten des Mutes und der Voraussicht bei denen gegeben hätte, die von der Nazimaschinerie überrollt wurden, aber trotzdem den Kampf nicht aufgaben, dann wäre das „Tausendjährige Reich" errichtet worden, und wenn es auch nicht tausend Jahre lang gedauert hätte, so doch mindestens noch einige schreckerfüllte Jahrzehnte, vielleicht bis in unsere Tage.

Die erste Hälfte der vierziger Jahre war eine kritische Epoche; sie stellte alle, die den Humanismus und die Zivilisation hochhielten, vor eine Herausforderung. Glücklicherweise wurde die Herausforderung erkannt und man begegnete ihr mit Entschlossenheit und wirkungsvollem Tun. Der Feind war klar zu erkennen, und die Mittel des Kampfes gegen ihn waren offensichtlich. Heute sind wir in einer ähnlich kritischen Epoche, von der alle Menschen und alle Gesellschaften betroffen sind. Der Feind jedoch ist nicht klar ersichtlich, und es ist auch nicht deutlich, welche Mittel wir in unserem Kampf benutzen sollten, um ihn zu einem erfolgreichen Abschluss zu führen. Wir müssen also genauer nachdenken, denn wenn wir nicht wissen, worin die Herausforderung besteht, werden wir ihr auch nicht erfolgreich begegnen können. Und wenn wir ihr nicht erfolgreich begegnen, überlassen wir die Gestaltung des neuen Zeitalters dem reinen Zufall. Das aber wäre gefährlich, wenn man sich die Alternativen zum Guten wie auch zum Schlechten ansieht, die uns offen stehen.

Wenn wir uns also bewusst sind, dass wir vor der Biegung zu einer epochalen Bifurkation stehen, sollten wir uns fragen, wer dafür verantwortlich ist, dass es diese Biegung in der Straße gibt. Wer oder was hat uns von der geraden Bahn abgebracht, von der wir uns doch einbildeten, dass wir sie zuversichtlich und vertrauensvoll weiterverfolgen könnten?

Als erstes fällt uns die moderne Technik ein. Aber wenn wir einen Augenblick länger nachdenken, wird uns sofort klar, dass es eine schreckliche Vereinfachung wäre, wenn wir die Schuld für unsere haltlose Situation der Technik in die Schuhe schieben wollten. Die

Technik ist nur ein ausführendes Organ, und als solches ist und war sie immer nur ein Werkzeug. Sie tat, was wir sie tun hießen. Dass sie auch unerwünschte Nebeneffekte produziert, ist nicht ihre Schuld. Die Schuld liegt bei uns und unserem Mangel an Wissen und Voraussicht. Wir wünschten uns schnellere Transportmittel und größere Freiheit in der Fortbewegung: Die Technik lieferte uns das Auto. Wir wollten mehr Elektrizität, um unsere zahllosen Geräte arbeiten zu lassen, die uns so viel bedeuten: Die Technik lieferte uns das Atomkraftwerk. Wir wünschten uns ein längeres Leben und eine geringere Kindersterblichkeit: Die medizinische Technik lieferte uns beides. Und woher hatte die Technik diese und ähnliche Kräfte erhalten? Aus keiner anderen Quelle als aus der Forschung und Entwicklung, die schließlich auf der Wissenschaft basiert.

Können wir also die Wissenschaft tadeln? Hierfür gäbe es bessere Gründe. Aber wenn wir die Wissenschaft allein tadelten, wäre das wieder eine zu grobe Vereinfachung. Gemäß der klassischen Auffassung behauptet die Wissenschaft, die Suche nach Erkenntnis zu sein, und als solche ist sie in Bezug auf die Folgen neutral. Seit der Herstellung der Atombombe ist diese Ansicht ernstlich in Frage gestellt worden. Wir brauchen uns nur an den Fall des Atomphysikers Oppenheimer zu erinnern, um uns bewusst zu werden, wie komplex das Ganze sein kann und wie wohlüberlegt die Einstellung jener Physiker, Genetiker und theoretischen und experimentellen Wissenschaftler ist, die bei aller wissenschaftlicher Tätigkeit die kritischen Fragen nicht außer Acht lassen, sowohl bei der Grundlagenforschung wie auch bei der Entwicklung und Kommunikation ihrer Ergebnisse.

Da die Wissenschaft die Grundlage für die Technik bildet und die Technik uns in diese unhaltbare Situation gebracht hat, könnte die Wissenschaft als Schuldige gelten. Aber die Wissenschaft hat die Situation nicht absichtlich heraufbeschworen, und daher ist es kaum richtig, sie dafür verantwortlich zu machen. Außerdem waren es nicht die Wissenschaftler und Ingenieure allein, die diese unvorhergesehenen und unerwünschten Nebenwirkungen der modernen Technik schufen. Wir alle in unserer Gesellschaft zogen am selben Strang: Regierungen und Unternehmen, aber auch die Menschen aus dem Volk, die ehrgeizigen Produzenten und die eifrigen Konsumenten.

Wir alle sind für die Wohltaten ebenso wie für die Übel der modernen Zeit verantwortlich, unabhängig davon, ob wir sie vorausgesehen haben oder nichts von ihnen wussten. Wir alle sind verantwortlich, wir, die wir in den modernen Gesellschaften leben und arbeiten. Nicht nur unsere Wissenschaft, sondern auch unsere Werte, unsere Ideale, unsere Glaubensvorstellungen spielen mit. Unsere Verantwortung ist auch nicht auf unseren beruflichen Bereich beschränkt. Wir sind nicht allein verantwortlich als Wissenschaftler, Ingenieure, Geschäftsleute und Politiker, sondern als Mitglieder der Gesellschaft: als Produzenten und Konsumenten in einer Verbrauchergesellschaft, als Steuerzahler und Nutznießer in einer Wohlfahrtsgesellschaft.

Nun wäre es auch nicht richtig, hier stehenzubleiben und uns selbst die Schuld zu geben. Schließlich handeln wir ja alle so, wie man es uns beigebracht hat und wie wir sehen, dass die Menschen um uns handeln. Wir handeln also, mit anderen Worten gesagt, in der Art, wie wir von unserer Kultur geprägt sind. Kultur kann man als die Summe aller Werte, aller Ideale, aller Glaubensvorstellungen, aller Verhaltensweisen betrachten, über die eine Gesellschaft gemeinsam verfügt. Wenn das der Fall ist, dann ist letzten Endes unsere Kultur für unser gegenwärtiges Dilemma verantwortlich – unsere moderne Kultur, die der Zeit hinterherhinkt und nicht in der Lage ist, mit den Nebenwirkungen fertig zu werden, die sie nolens volens selbst hervorgebracht hat.

Ist das also der Endpunkt? Können wir der Kultur die Schuld geben? Grundsätzlich wäre das nicht falsch, aber praktisch wäre das sinnlos. Die Kultur ist nichts Abstraktes, nichts ein für allemal Gegebenes. Im Gegenteil, die Kultur ist ein dynamisches Element in einer dynamisch sich entwickelnden Wirklichkeit. Sie ist so, wie sie heute ist, weil die Menschen in der Vergangenheit so gedacht, gefühlt und gehandelt haben. Morgen wird sie anders sein, wenn wir es lernen, in einer anderen und hoffentlich besseren Art zu denken, zu handeln und zu fühlen.

Die Kultur entwickelt sich, und ihre Entwicklung kann geformt werden. Jetzt, da die moderne Kultur überholt ist und mehr Schaden als Nutzen anrichtet, lieg es an uns, ihre Evolution so zu lenken, dass sie mehr Nutzen als Schaden stiftet. Das ist leichter gesagt als getan, denn wie lenkt oder formt man eine ganze Kultur in der Praxis?

Wenn wir uns dem Problem rein theoretisch nähern, werden wir nicht weit kommen. Wir müssen Handlungsbereiche identifizieren. Die erste Frage ist daher, um welche Bereiche es sich handeln könnte.

Wenn wir die Entwicklung der modernen Kultur wirkungsvoll formen und gestalten wollen, müssen wir die Wirkkräfte erkennen, die die Kultur zu dem gemacht haben, was sie ist.

Alles, was jemand sagt oder tut, formt die Kultur in gewisser Weise. Es gibt unzählige Faktoren, die Kultur schaffen und entwickeln, aber nicht alle haben dieselbe Wirkung. Einige Bereiche des Denkens, des Kommunizierens und des Handelns sind von besonderer Wichtigkeit, wenn es um die Entscheidung geht, was Kultur ist und in welcher Weise sie sich entwickeln soll. Diese Bereiche zu überprüfen, um zu sehen, was ihnen fehlt, ist lebenswichtig, wenn wir eine gewisse Herrschaft über die Evolution unserer gegenwärtigen Kultur erringen wollen.

Seit Beginn des modernen Zeitalters ist die *Wissenschaft* als Ganzes ein wichtiger Entscheidungsfaktor bei der Entwicklung unseres Denkens und Handelns gewesen. Die wenigsten von uns sind Wissenschaftler und die meisten von uns wissen nicht einmal, was wissenschaftliches Denken eigentlich ist, geschweige denn, was eine besondere wissenschaftliche Theorie aussagt. Aber die Art, wie wir erzogen sind, die Art unserer Weltsicht und Wahrnehmung überhaupt, alles ist auf feine Art durch den modernen wissenschaftlichen Rationalismus beeinflusst. Dass der *Homo modernus* von seiner linken Gehirnhälfte beherrscht wird, dass er linear denkt, nämlich in Begriffen von Ursache und Wirkung, liegt zum großen Teil am Einfluss des wissenschaftlichen Denkens, welches zwar für die Forscher an der Frontlinie der gegenwärtigen Wissenschaft überholt ist, aber doch tief in das moderne Bewusstsein eindringen konnte. Das hat zahlreiche Auswirkungen. Dazu gehört einmal eine Art Pragmatismus, der es ablehnt, mehr als nur die Oberfläche zu sehen – nämlich nur das, was man sehen und berühren, was man kaufen und konsumieren und was man schließlich wegwerfen kann. Ein solcher Pragmatismus hindert uns daran, weiter entfernte und Langzeitwirkungen wahrzunehmen und uns ihnen gegenüber verantwortlich zu fühlen. Er führt zu lokaler Effizienz und zu globalen Problemen, zu Kurzzeitvorteilen, aber Langzeitkrisen.

Obgleich ein wichtiger Faktor bei der kulturellen Entwicklung, ist die Wissenschaft doch nicht die einzige Kraft, die die moderne Kultur formt. Es mag merkwürdig erscheinen, aber die *Kunst* war und ist ein ebenso mächtiger Faktor. Wir sind nicht alle Künstler, sowenig wir alle Wissenschaftler sind. Aber die Kunst beeinflusst unser Wahrnehmen, unser Fühlen und unsere Beziehung zu anderen Menschen. Schließlich ist die Kunst nicht auf Museen, Galerien und Konzerthallen beschränkt, sie umgibt uns allseitig. Sie hat die Häuser geformt, in denen wir leben und arbeiten. Sie hat den Gegenständen, die wir benutzen, die Form gegeben, und sie hat Melodien geschaffen, die wir singen, Romane, die wir lesen, Tragödien und Komödien, die wir uns im Fernsehen oder auf der Kinoleinwand ansehen. Unser Schönheitssinn, unsere täglichen Wünsche und Ideale sind von der Wahrnehmungsart geformt, die sich in der „reinen" wie in der „angewandten" Kunst zeigt. Es ist in nicht geringem Maße der ständigen Gegenwart der Kunst in unserem Leben zu verdanken, dass wir noch nicht selbst zu gefühllosen Robotern, zu gehirnlosen Computern geworden sind, die nach unseren Vorstellungen vom wissenschaftlichen Rationalismus gebaut wurden.

Die *Religion* ist ein dritter, nicht weniger wichtiger Kulturfaktor. Es wäre falsch, wenn man die Religion entweder nur als ein Sammelsurium von Aberglauben betrachtete, das von unserem wissenschaftlichen Geist schließlich überwunden werden müsste, oder andererseits als das einzige Licht der Führung unseres Zeitalters. Die Religion ist weder eine überholte noch eine vorherrschende Komponente unserer Zeit. Stattdessen ist sie ein lebenswichtiger Bestandteil, zusammen mit Wissenschaft und Kunst. Unsere Vorstellungen von einer letzten Bedeutung und Sinngebung, unsere Ansichten von dem, was wirklich wichtig und wertvoll ist, und selbst unser Sinn für das Heilige, der in den vormodernen Gesellschaften so stark ausgeprägt war und den wir noch nicht ganz verloren haben – das alles wurde von den Glaubenssystemen der großen Religionen gebildet und bekommt von daher seine Form. Wir mögen zwar keiner Religionsgemeinschaft angehören und daher keine Kirchen, Synagogen oder Tempel besuchen, aber trotzdem hat jeder von uns entweder christliche, jüdische, islamische, hinduistische, buddhistische, taoistische, konfuzianische oder irgend sonstige religiöse, mystische und mythische Werte und Weltsichten.

Und schließlich wird unsere Kultur noch von den verschiedenen Einrichtungen und Methoden der *Erziehung* geformt. Erziehung ist, für sich genommen, keine eigene Quelle der Wahrnehmung, der Werte, der Erkenntnis, des Wissens oder der Verhaltensformen; sie ist nur die Übermittlerin von alledem. In dieser Eigenschaft ist die Erziehung ein wichtiger Kulturfaktor. Der Grund liegt darin, dass Erziehungssysteme, mögen sie noch so breit angelegt sein, doch nur begrenzte Kanäle der Übermittlung darstellen. Sie können nicht alles in der Kultur Vorhandene vermitteln, aber was die Erziehung für die Übermittlung aussondert, gewinnt dadurch ein besonderes Gewicht. Dass wir Ganzheiten aufgliedern, wenn wir sie erkennen wollen, dass wir die Spezialisierung überbewerten, dass wir unverantwortlich gegenüber den zukünftigen Generationen handeln, dass wir uns selbst für anders und irgendwie besser als andere Nationen halten und dass wir uns als von der Natur getrennt und ihr überlegen betrachten – alles das sind Folgen unserer Erziehung in der Schule und derjenigen in unserem späteren Leben; all dies hat dazu beigetragen, unsere Persönlichkeit zu formen.

Doch bedeutet das nicht, dass wir der Wissenschaft, der Kunst, der Religion oder der Erziehung die Schuld für unsere Probleme zuschieben sollten. – Es kommt nicht darauf an, irgendjemandem oder irgendetwas die Schuld zu geben. Wir müssen aber feststellen, dass die Wissenschaft, die Kunst, die Religion und die Erziehung bei der Herausbildung der Zivilisation der Moderne eine besonders entscheidende Rolle gespielt haben. Daher können sie auch bei der Formung des nächsten Zeitalters eine bedeutende Rolle spielen. Sie müssen dazu allerdings die Verantwortung dafür übernehmen, dass sie bedeutende Wirkkräfte in der Entwicklung sind. Diese Verantwortung zu übernehmen und ihr gewachsen zu sein ist die große Herausforderung an unsere heutige Wissenschaft wie auch an die heutige Kunst, Religion und Erziehung. Es ist eine Herausforderung an uns alle.

Können wir dieser Herausforderung gerecht werden? Wir können es, wenn wir eine Art kultureller Apollo-Mission schaffen, eine neue Allianz der wichtigsten Wirkkräfte beim kulturellen Wandel. Wir können es, wenn wir den Willen und die Motivation dazu haben.

Zu Beginn des 19. Jahrhunderts, nach der Französischen Revolution und den Napoleonischen Kriegen, gab es in Europa eine „Heilige Allianz", die sich der Aufgabe verschrieben hatte, eine Gemeinschaft aller christlichen Nationen der Welt zu bilden. Alle Nationen waren dazu aufgerufen, sich dieser Allianz anzuschließen, soweit sie christliche Nationen waren, unabhängig von ihrer Rolle und ihrem Schicksal in den gerade vergangenen Kriegen. Obgleich die „Heilige Allianz" schließlich zerbrach, hatte sie doch während ihres Bestehens ein System kollektiver Sicherheit errichtet, das dauernde und weitreichende Auswirkungen hatte. Wir können einiges daraus lernen. Die Willensstärke und die Motivation, die wir heute brauchen, ist ähnlich der, die zur Bildung der „Heiligen Allianz" führte. Aber die Allianz, die wir heute brauchen, ist eher holistisch als heilig. Die holistische Allianz müsste eine umfassende, alle Fächer übergreifende Wissenschaft mit einer Kunst verbinden, die sich ihrer sozialen Verantwortung bewusst ist, und dem müssten sich auch eine humanistische Religion und eine gesellschaftlich verantwortungsbewusste, moderne Erziehung anschließen.

Kann man Wissenschaft und Kunst, Religion und Erziehung bewusst planen? Gibt es einen kulturellen Wandel auf Bestellung? Die historischen Erfahrungen sind nicht gerade ermutigend. Im 19. Jahrhundert wollten Marx und Engels die Wissenschaft dazu benutzen, die kapitalistische Kultur in Deutschland und England zu verändern. Wenn es ihnen gelungen ist, im Russland des 20. Jahrhunderts Veränderungen hervorzurufen, so nur, weil Lenin mit ihren Theorien die Machtpolitik untermauerte, mit deren Hilfe er das aufrührerische und vom Krieg zerrissene Zarenreich unter seine Herrschaft brachte. Stalin wollte den „wissenschaftlichen Sozialismus" dazu benutzen, die Überbleibsel der bourgeoisen Kultur in der Sowjetunion zu beseitigen. Trotz seiner Erbarmungslosigkeit und der Macht seiner umfassenden Propagandamaschinerie ist ihm das nicht gelungen. Mao hoffte, durch die Philosophie seines „kleinen roten Buches" alle Spuren der traditionellen Kultur in China auszulöschen, aber obgleich seine Rote Garde sich sehr roh gebärdete, endete auch dieser Versuch mit einem Fehlschlag. Wohlwollende und übelwollende Diktatoren haben schon lange die Kunst, die Wissenschaft, die Erziehung und die Religion als Machtmittel erkannt, um die Denkungsart und die Handlungsweise eines Volkes zu ändern. Keiner von ihnen hatte jedoch Erfolg. Sollten wir daraus nicht eine Lehre für die Zukunft ziehen, wenn wir ähnliche Versuche anstellen?

Sicherlich. Aber die Schwierigkeiten beim Heraufführen eines zielgerichteten Kulturwandels vergrößern nur die Herausforderung an uns. Wir brauchen sehr wohl eine grundlegende Veränderung der Art und Weise, wie wir über uns selbst, unsere Gesellschaften, unsere Umwelt, unsere Vergangenheit und unsere Zukunft denken. Eine solche Veränderung bedeutet nicht mehr und nicht weniger als die Umformung der bestehenden Kultur – es ist eine Art „kulturelle Evolution". Glücklicherweise braucht eine solche kulturelle Evolution – anders als es im Falle der maoistischen Kulturrevolution war – nicht „von oben" erzwungen zu werden. Sie kann durch die unmittelbaren Entwicklungen in Wissenschaft, Kunst, Religion und Erziehung hervorbrechen und sie kann sich von der Weltsicht und dem sozialen Bewusstsein der breiten Massen bis zum Denken und Handeln der Männer und Frauen in verantwortungsvollen Führungspositionen Bahn brechen.

Es wäre ein tragischer Fehler, wenn wir die Herausforderung unserer kritischen Epoche als einen Aufruf interpretieren wollten, Wissenschaft, Kunst, Religion und Erziehung dazu zu benutzen, ein vorgefasstes Ziel zu erreichen. Die Antwort auf die Herausforderung kann sehr wohl bescheidener sein. Sie kann sich auf eine spontane kulturelle Evolution stützen. Trotzdem braucht das Ergebnis einer solchen Evolution nicht dem Zufall überlassen zu bleiben. Es kann und sollte „von innen" beeinflusst werden.

Wir haben schon herausgestellt, dass in einer Zeit der anstehenden Bifurkation alle Gesellschaftsstrukturen äußerst sensibel reagieren. Die Kultur ist da keine Ausnahme. Neue Ideen und Werte treten zutage, und wenn sie erst zu erkennen sind, könnte sich herausstellen, dass einige davon weitreichende und nachhaltige Wirkungen haben werden. Wenn es sich dabei um Ideen und Werte handelt, die historisch angepasste und menschendienliche Tendenzen und Bewegungen unterstützen, dann könnten sie sich in der Gesellschaft ausbreiten und dem Prozess der kulturellen Wandlung wertvolle Anstöße geben. Die harte Hand von Diktatoren ist nicht erforderlich. Wenn es uns gelänge, die Hauptwirkkräfte des kulturellen Wandels zu mobilisieren, dann würde ihre Suche nach brauchbaren Alternativen das soziale Bewusstsein durchdringen und zu einer Verwandlung der herrschenden Kultur führen.

Deutlichere Spuren des gesellschaftlich verantwortlichen Bewusstseins sind in der Wissenschaft, der Kunst, der Religion und der öffentlichen Erziehung dringend vonnöten. Wenn es ein solches Bewusstsein erst gibt, könnte die Wissenschaft den Weg zu einer historisch angemessenen Gesellschaftsform zeigen, die Kunst könnte deren Gefühle, Formen und mitmenschliche Beziehungen vermitteln und uns mit ihnen vertraut machen, die Religion könnte der Suche transzendentale Bedeutung verleihen, und die öffentliche Erziehung könnte die neuen Einsichten und die neue Vision in alle Schichten der Gesellschaft verbreiten. Zusammen könnten sie die Spaltungen in der heutigen Gesellschaft überwinden, die durch die Entzweiung zwischen der modernen Wissenschaft und der religiösen Überzeugung entstanden sind, oder die Trennung zwischen den „harten" Naturwissenschaften und den „weichen" Gesellschaftswissenschaften und die weitere Trennung zwischen Wissenschaft und Kultur.

Die Forderung, dass Wissenschaft, Kunst, Religion und Erziehung ihre soziale Bedeutung erkennen und pflegen sollten, ist keineswegs weit hergeholt. Es geht nicht darum, Zwänge auszuüben, es geht nur darum, das Verantwortungsgefühl zu stärken, das sich schon bei wachen Wissenschaftlern und Künstlern, Erziehern und religiös eingestellten Männern und Frauen zu zeigen beginnt.

Allerdings haben wir bis dahin noch einen weiten Weg.

Wissenschaft

Seit dem von der Physik ermöglichten Atomschlag auf Hiroshima und Nagasaki zeigten sich bei immer mehr der heutigen Wissenschaftler Anzeichen für ein gesellschaftliches Bewusstsein und Verantwortungsgefühl. Diese *prise de conscience* ist nicht auf Atomphysiker beschränkt. Mit dem Auftauchen der Gentechnologie haben sich ähnlich schlimme, wenn auch weniger deutliche Bedrohungen auf dem Feld der Biologie ergeben. Immer mehr Wissenschaftler fragen sich, ob sie bei diesen Forschungsprojekten weitermachen sollen, und immer mehr Wissenschaftspolitiker zweifeln, ob es gesellschaftlich gerechtfertigt ist, Geldmittel für derartige Forschungsgebiete zur Verfügung zu stellen.

Im Großen und Ganzen jedoch handeln die heutigen Wissenschaftler nicht im Sinne der angedeuteten gesellschaftlichen Verantwortung. Die gesellschaftlich relevante Stoßrichtung der heutigen Wissenschaft zielt nach wie vor auf Waffentechnologie, Rüstungsindustrie und militärische Nutzanwendung. Abgesehen davon, dass sie großzügig Geldmittel für Forschungen verwenden, die oft nur versteckte oder indirekte Bedeutung für das haben, was man euphemistisch „Nationalverteidigung" nennt, und auch abgesehen von anderen Sachgebieten erster Priorität wie die Krebs- und Aids-Forschung, haben Wissenschaftler ganz allgemein die beunruhigende Neigung, sich von den Sorgen ihrer Zeit fernzuhalten. An Universitäten und Akademien sind Lehre und Forschung in spezialisierte Disziplinen aufgeteilt, innerhalb derer sich Wissenschaftler oft mit abstrakten und esoterischen Studien beschäftigen. Jenseits der durch große Geldmittel unterstützten Forschungsgebiete haben sich die Wissenschaftler recht weit von den menschlichen Sorgen entfernt, ja sogar von den Wissenschaftlern auf anderen Sachgebieten. Sie sind zu Superspezialisten geworden, die sich in ihre Elfenbeintürme einschließen, die die Form von bequemen Studienräumen und Bibliotheken und teuren Speziallabors angenommen haben.

Dass sich die Wissenschaft vom Leben der Gesellschaft abhebt, hat jahrhundertealte Ursachen. Die moderne Wissenschaft hat sich im 16. und 17. Jahrhundert gebildet, als sich die europäische Zivilisation aus der Vorherrschaft der Kirche befreite. Der Einfluss religiöser Vorschriften war so stark, dass die ursprüngliche Ausrichtung des wissenschaftlichen Denkens als Reaktion darauf sehr gefärbt wurde. Die Wissenschaft hatte unparteiisch und unvoreingenommen zu sein; sie hatte sich nicht in die heilige Autorität des Papstes einzumischen. Die Gerichtsverhandlungen von Giordano Bruno und Galileo Galilei beweisen deutlich, welche Macht der mittelalterliche Geist über die wissenschaftliche Forschung ausübte. Die jungen Wissenschaften konnten nur dann wachsen, wenn sie sich von der Einmischung in die Angelegenheiten der Gesellschaft fernhielten und wenn sie ihnen gegenüber Unabhängigkeit und Desinteresse zu erkennen gaben.

Dieser Standpunkt hat sich als ein hochgradiger Irrtum erwiesen. Die Wissenschaft wurde zu einer der stärksten Kräfte bei der Formung der modernen Zivilisation und bekam einen viel größeren Einfluss als die Religion, von der sie sich in die Neutralität hatte absetzen wollen.

Seit dem Zweiten Weltkrieg sind mehr und mehr wissenschaftliche Theorien zu praktischen Technologien geworden. Dem Einfluss der

Naturwissenschaften wurde durch einige Zweige der Sozialwissenschaften, insbesondere der Wirtschaftswissenschaften, der Rang streitig gemacht. Weit davon entfernt, eine Suche nach Wahrheit *sub specie aeternitatis* zu sein, erwies sich die Wissenschaft als eine ungemein wichtige gesellschaftliche, politische und wirtschaftliche Tätigkeit.

Der Gedanke der wissenschaftlichen Neutralität und der Unparteilichkeit muss in der Versenkung verschwinden. Das bedeutet nicht, dass wir die wissenschaftliche Objektivität aufgeben müssen. Wir müssen nur ihre richtigen Grenzen erkennen. Solange Wissenschaftler sich mit Dingen beschäftigen, die gesellschaftlich von Belang sind und Folgen haben, und solange sie von der Gesellschaft abhängig sind, wenn es darum geht, Forschungsmittel zu bekommen, werden die Wissenschaftler auch für den sozialen Wandel verantwortlich sein. Das wird auch in Zukunft so sein. Wenn man von abseits liegenden Gebieten der Archäologie und den esoterischen Bereichen der Astrophysik absieht, wird alles, was die Wissenschaftler tun, Auswirkungen auf die Gesellschaft und ihre Entwicklung haben.

Wir werden wissenschaftliche Erkenntnisse sehr nötig haben; viele Fragen werden durch wissenschaftliche Forschung beantwortet werden müssen: Wird es der Menschheit gelingen, jene Kräfte unter Kontrolle zu halten, die, unkontrolliert, eine Megakrise hervorrufen und zu Massenvernichtung führen könnten? Werden die menschlichen Gesellschaften in der Lage sein, ein Weltsystem zu errichten und aufrechtzuerhalten, in dem kein einzelner Staat und keine einzelne Gesellschaft die entscheidende Kontrolle ausübt? Können Menschen miteinander Verbindung halten und kommunizieren, ohne dass dies zu gegenseitiger Abhängigkeit führt – besonders nicht zur Abhängigkeit der schwächeren und naiveren oder ehrenwerteren von den stärkeren und weniger skrupellosen? Gibt es eine wirksame Begrenzung des Wachstums – Wachstum der Firmen, der Städte, der Macht, des Reichtums? Kann man die Technik kontrollieren und dazu bringen, die menschlichen Bedürfnisse zu befriedigen und bewusste Pläne zu verwirklichen, statt zum Selbstzweck zu werden und eigene Bedürfnisse und Forderungen zu erzeugen?

Gibt es eine Möglichkeit, die Bedürfnisse der Menschen nach einer Privatsphäre zu befriedigen bei einem gleichzeitig hohen Maß an Kommunikation und einer großen Zahl von Menschen, die den physisch begrenzten Planeten gemeinsam bewohnen? Kann dieser Planet von acht Milliarden Menschen bewohnt werden, ohne dass die Ökologie unheilbaren Schaden leidet?

Und die allerwichtigste Frage: Können Menschen auf diesem Planeten in Toleranz und gegenseitiger Achtung leben? Die menschliche Gesellschaft der Zukunft wird notwendig eine vielfältige und pluralistische sein. Sie könnte sehr wohl auch eine dezentralisierte und bodenständige werden. Wir brauchen also ein System, das neben örtlicher Autonomie auch eine globale Koordination beinhaltet. Wenn man wissen will, wie solch ein System funktioniert, muss man ein Modell schaffen. Aber das erforderliche Modell wird sich von den herrschenden Sozialmodellen des 20. Jahrhunderts deutlich unterscheiden. Die heutigen Modelle sind von einer einzigen Kultur inspiriert, der westlichen; sie setzen voraus, dass das Verhalten der Individuen und der Institutionen sich nach einem einzigen Typus von Rationalität richtet, ebenfalls dem westlichen.

Die Anforderungen an die Wissenschaft werden groß sein und sie werden sich an alle Wissenschaften richten, die Sozialwissenschaften ebenso wie die Naturwissenschaften. Dies sind keine Probleme, die Soziologen oder Politologen allein betreffen. Diese Probleme sind eine Aufgabe auch des Ökologen, des Städtebauers, des Psychologen, des Demografen, des Wirtschaftlers, des Chemikers, des Physikers, des Kybernetikers und des Systemanalytikers. Wenn man sich die gegenwärtige Einteilung der Fakultäten ansieht, wird keine einzelne Gruppe von Wissenschaftlern allein in der Lage sein, den Herausforderungen erfolgreich zu begegnen. Wenn sie aber zusammenarbeiten und eine interdisziplinäre Synthese herstellen, könnte die Wissenschaft sehr wohl ihrer Verantwortung gewachsen sein. Wie stehen nun die Aussichten, dass die verschiedenen wissenschaftlichen Disziplinen sich aus ihren engen Kokons befreien?

Die Aussichten sind gut. Innerhalb der Wissenschaften gibt es schon bedeutende Umgestaltungen. Vielleicht werden Wissenschaftshistoriker der Zukunft von einer neuerlichen wissenschaftlichen Revolution sprechen, die mit der von Kopernikus, Darwin, Mendel und Einstein durchaus vergleichbar ist. Interessanterweise unterscheidet sich die gegenwärtige Revolution innerhalb der Wissenschaft von den früheren dadurch, dass sie wahrhaft interdisziplinär ist. Zu dieser Revolution ist es gekommen, weil es keine Gründe gibt, weder wissenschaftliche noch soziale, dass man sich weiterhin an Stückwerk-Theorien hält, die jeweils innerhalb einer einzelnen Wissenschaft gebildet wurden. Die Wissenschaftler sind dabei, eine mathematisch strenge, aber allumfassende Theorie eines sich entwickelnden Universums aufzustellen, in dem das Leben, die Gesellschaft, der Mensch und seine Zivilisation nicht länger wesensfremde Zufallsprodukte, sondern integrale Teile des Wandels und der Entwicklung sind.

Die Theorien der evolutionären Transformation fungieren als das Rahmenwerk, das die Dynamik der Transformation erklärt und die verschiedenen Wahrscheinlichkeiten der sich abzeichnenden Ergebnisse voraussagt. Im Falle der menschlichen Gesellschaft wird dieses Verstehen zur Kontrolle führen: Diese Gesellschaften sind evolutionäre Systeme, in denen die Menschen selbst die hauptsächlich Handelnden sind.

In dem Maße, wie sich die nächste Revolution entfaltet, wird auch die soziale Bedeutung der Wissenschaft sich ändern. Die Wissenschaft wird die ihr angestammte Rolle als Quelle menschlicher *Weisheit* wiedererlangen und ihre zu kurz greifende Ankopplung an die unpersönliche Technik relativieren und korrigieren. Deswegen wird sie eine nicht weniger gute Wissenschaft sein, denn soziale Verantwortung und Suche nach objektiver Erkenntnis bilden eine Einheit. Solide Theorien zur Evolution von Natur und Gesellschaft werden für eine gesunde Wissenschaft sorgen, die sozial nützliche Kenntnisse liefert.

Die Kunst

Wie steht es nun mit der Kunst und den Künstlern – welches ist ihre Rolle und ihre Verantwortung bei der Weiterentwicklung der gegenwärtigen Kultur? Künstler waren die hauptsächlichen Baumeister der Renaissance und ihre menschliche und gesellschaftliche Bedeutung hat sich in unserer Zeit nicht vermindert. In dieser kritischen Epoche mit ihren drohend über uns schwebenden Bifurkationen wird die soziale Verantwortung der Künstler keineswegs geringer sein als die der Wissenschaftler.

Ein großer Teil der Kunst und viele Künstler sind jedoch in noch stärkerem Maße als die Wissenschaftler von den pragmatischen Anliegen der Gesellschaft abgehoben. In vielen Künstlerkreisen ist *l'art pour l'art* so etwas wie eine heilige Lehrmeinung geworden. Künstler schaffen ihre Werke in der reinen Atmosphäre ihrer Studios, in die keine Zeitungen, kein Fernsehprogramm und kein Bote alltäglicher Angelegenheiten Zutritt erlangen. Kunsthistoriker bewerten die Malerei, die Skulptur, die Dichtkunst, das Theater, die Musik, den Tanz und die anderen Zweige der Künste, als ob sie sich ausschließlich nach ihren eigenen Gesetzen entwickelten, die, ihrerseits von genialen Künstlern geschaffen, nur von anderen, gleich genialen Künstlern verändert werden dürften. Kunsttheoretiker analysieren Kunst nur als das Verhältnis eines Kunstwerks zum individuellen Betrachter und die Kritiker sind so sehr mit technischen Einzelheiten und Stil beschäftigt, dass sie sich selten zu Überlegungen der sozialen Wirkung und Bedeutung herablassen.

Die Trennung der Kunst von der Gesellschaft – anders als das Abgehobensein der Wissenschaft – ist ein typisches Phänomen erst des 20. Jahrhunderts. Bis dahin waren Künstler an sozialen, menschlichen, politischen und künstlerischen Aspekten interessiert. Von Aristophanes bis Balzac haben die Schriftsteller diese Interesseneinheit betont, und sie findet sich zum Beispiel bei Shakespeare ebenso wie in Platos Aussage, dass Wahrheit als Schönheit aufgefasst werden kann. Während Schiller in seinem Gedicht „Die Künstler" sagt: „Was wir als Schönheit hier empfunden, wird einst als *Wahrheit* uns entgegengehen."

Balzac erhob den Anspruch, mit der Feder das zu vollenden, was Napoleon mit dem Schwert begonnen hatte; und Gestalten wie Goethe und Wagner haben nicht gezögert, durch ihre Werke gesellschaftliche und kulturelle Botschaften zu übermitteln.

In der Literatur hielten Schriftsteller wie Hermann Hesse, Jean-Paul Sartre und Eugène Ionesco an dieser Tradition fest, aber dem Großteil der Künste gelang es, sich von den Beziehungen zur Gesellschaft im Allgemeinen zu lösen. Die Musik, die Malerei, die Skulptur, sogar der Tanz wandten sich immer mehr nach innen, auf der Suche nach inneren Gesetzen und innerer Bedeutung. Besonders Arnold Schönberg hat sich deutlich über die Vorstellung lustig gemacht, dass die Kunst sich an die Gesellschaft als Ganzes zu wenden hätte. „Wenn es Kunst ist," sagte er, „dann ist es nicht für alle, und wenn es für alle ist, dann ist es nicht Kunst."

Viele Komponisten der heutigen Avantgarde stoßen ins gleiche Horn. Die Werke eines Stockhausen oder Boulez können von einem Laien nicht verstanden werden; einer ihrer Anhänger sagte, man könne ein Musikstück nicht beurteilen, ehe man nicht die Partitur analysiert hätte. Das Gleiche kann man auch von den meisten Malern und Bildhauern sagen, deren Werke in berühmten Galerien hängen und deren Namen der eingeweihten Kunstelite fast heilig sind.

Es wird für einen Künstler immer schwieriger, als „gut" anerkannt und gleichzeitig populär zu sein. 1919 machte Strawinsky's „Le sacre du printemps" Furore; in den 80er Jahren erregte die Erstaufführung eines Avantgardewerkes das Interesse nur einiger weniger Kritiker und die ehrfurchtsvolle Zustimmung einer kleinen, erlesenen Clique von Anhängern. Kunstwerke werden wegen ihres Prestigewertes gehandelt oder sind eine Investition. Man besucht Galerien, Museen, Konzerte, die Oper aus völlig unwesentlichen Gründen. Es ist ein Teil des Erziehungsprogramms oder eine Sache, die „man" eben tut.

Die Mehrzahl der Künstler des 20. Jahrhunderts lehnt die Gesellschaft als ihr Publikum ab. Die Gesellschaft ihrerseits hat es fast aufgegeben, große oder ernste Kunst als eine Quelle der Freude anzusehen. Natürlich konnte große Kunst nie von allen geschätzt werden, auch im 18. und 19. Jahrhundert nicht. Aber zu jener Zeit war die Kunst für die Königs- und Fürstenhäuser reserviert und die Adligen und ihre Entourage. Heutzutage könnte ein viel breiteres Publikum an jeder Art von Kunst Freude empfinden, wenn die führenden Künstler, Kritiker und Historiker nicht soviel Snobismus und Introversion an den Tag legten.

Diese Einstellung darf nicht beibehalten werden in einer Epoche, in der die Konzentration der kreativen Geister unserer Gesellschaft auf die lebenswichtigen Entscheidungen und bedeutsamen Gelegenheiten gefragt ist. Die soziale Aufgabe des Künstlers ist ebenso wichtig wie die des Wissenschaftlers. Schließlich schult große Kunst die Vorstellungskraft, führt zu neuen Einsichten in die Natur des Menschen und der gesellschaftlichen Beziehungen und gibt Leitlinien bei der Wahl von Zielen und Sehnsüchten.

Es gibt jedoch ein ärgerliches Problem, sobald man die Kunst dazu aufruft, sozialen Bedürfnissen zu dienen oder sie zu fördern. Beschränkt man damit nicht die Freiheit und Autonomie der Kunst? Engt man nicht das vordringlichste Anliegen der Künstler ein, den Selbstausdruck in dem von ihnen gewählten Medium?

Nur wenige haben die mancherorts durch Politiker erzwungene Sklaverei der Kunst in den 50er Jahren nicht mit Schrecken beobachtet. Der sozialistische Realismus der stalinistischen Kunst hat armseliges Propagandamaterial und noch traurigere Kunst erzeugt. Revolutionskunst, ob nun in China, Afrika oder in Lateinamerika, hat die künstlerische Integrität zugunsten von politischen Aussagen betrogen. Kunst im Dienste der Politik ist ebenso unbefriedigend wie Kunst im Dienste des Profits, selbst wenn dann und wann ein brillantes Poster in den Straßen von Wien, London, Paris oder Berlin zu sehen ist. Sollten die Künstler sich daher nicht lieber aus allen gesellschaftlichen Bindungen heraushalten und die Integrität der Kunst und ihrer Kreativität hochhalten?

In der kritischen Epoche von heute gewinnt diese Frage besondere Dringlichkeit. Die Exzesse der politischen Kunst müssen eindeutig vermieden werden. Das bedeutet aber nicht, dass die Kunst sich von der Gesellschaft absondern soll und von sozialer Verantwortung freigesprochen werden kann. Die Kunst, auch wenn sie Selbstausdruck ist, wendet sich nicht nur an die Künstler selbst, sondern an ein breites Publikum. Die Vermittlung der ästhetischen Erfahrung ist ein integraler Teil der künstlerischen Kreativität.

Künstler könnten sehr wohl frei, spontan und kreativ sein und doch gesellschaftliche Bedeutung haben. Ihre Werke könnten die Augen lehren zu sehen und die Ohren zu hören und den Geist, die menschliche Realität in ihren mannigfaltigen Formen und Stufen der Evolution zu verstehen. Sie könnten mit dem Neuen und vage Bedrohlichen bekannt machen und diese Tendenzen humanisieren, sie könnten den halbgedachten Vorstellungen Form geben und sie könnten einer großen Skala von Werten und Idealen zur Geburt verhelfen. Besonders die darstellenden Künste könnten eine weite und tiefe soziale Wirkung haben. Das Theater, das Fernsehen, der Film könnten Bewunderung erregen und zur Diskussion herausfordern. Dramen auf der Bühne oder der Leinwand könnten neue Tendenzen nicht nur in der Kunst, sondern in der Gesellschaft als Ganzem auslösen.

Wenn sie ihre gesellschaftliche Relevanz wiedergewinnen, dann könnten Kunst und Wissenschaft, die Zwillingsausdrücke einer „Hoch"-Kultur unserer heutigen Zivilisation, zu bedeutenden Elementen in einer fortschreitenden Evolution werden.

Religion

Glaubenssysteme werden nicht dadurch überflüssig, dass Wissenschaft und Kunst den menschlichen Bedürfnissen gut angepasst sind. Die Wissenschaft trifft keine Aussagen über den letzten Sinn und die letzten Wahrheiten, geschweige denn den göttlichen Willen und die göttliche Absicht. Gelegentlich behandelt die Kunst Themen von transzendenter Bedeutung, aber sie behandelt sie in einer ästhetischen und intuitiven Weise, nicht klar und systematisch. In jedem Fall gehören zu einem menschlichen Wesen mehr als nur wissenschaftliche Vernunft und ästhetische Empfindsamkeit. Es gibt eine geistige Dimension, die weder die Kunst noch die Wissenschaft voll erreichen und befriedigen können.

Während die Geistigkeit eines Glaubenssystems die Quelle großer persönlicher Befriedigung sein kann, können doch Gruppen von Gläubigen viel soziale und kulturelle Zwietracht säen. In der Geschichte sind religiöse Streitigkeiten ein immer wiederkehrendes Phänomen. Engstirnigkeit hat die Bemühungen institutionalisierter Religion mit nur wenigen Ausnahmen oft erniedrigt oder beeinträchtigt. Rivalitäten und „heilige Kriege" zwischen Juden und Moslems, Katholiken und Protestanten, Buddhisten und Christen, „Gläubigen" und „Heiden" im Allgemeinen haben die Gemüter erregt, zu sinnlosen Opfern geführt und rücksichtslose Gewalt erzeugt. Wenn aber die großen Religionen dem ihnen innewohnenden Ökumenismus Raum gäben, so könnten sie in der heutigen Kultur den Geist der Solidarität, der Toleranz und Einigkeit vermitteln.

Dutzende von Abhandlungen sind geschrieben worden über den Humanismus und Ökumenismus, der den großen Weltreligionen zugrunde liegt. Aber es bedarf keiner langatmigen Abhandlungen, um den Humanismus der jüdisch-christlichen Religionen und der großen Glaubenssysteme des Ostens zu erkennen.

Um mit unserem westlichen Kulturerbe anzufangen: Das Judentum sieht den Menschen als Gottes Partner in dem sich fortsetzenden Werk der Schöpfung: „Schöpfungstheologie" ist das zentrale Thema der jüdischen Weltsicht. Bei dieser Aufgabe hat das Volk Israel eine wichtige Rolle zu spielen. Obgleich es ein auserwähltes Volk ist, bedeutet dies nicht, dass Israel die Verbindung zum Rest der Menschheit aufgeben müsste. Im Gegenteil, das jüdische Volk soll „das Licht der Nationen" sein. In der jüdischen Tradition besteht keine Verpflichtung, die Welt zu bekehren. Obgleich viele Gesetze vom Sinai nur für die Juden gemeint sind, geben sie doch keine Veranlassung zur Isolation. Sie sollen vielmehr ständig an die Mission der Juden für die Welt erinnern – eine Mission, die im Wesentlichen ethisch und humanistisch ist.

Es besteht eine Kontinuität zwischen der jüdischen und der christlichen Gläubigkeit. Beide sind monotheistisch, und einige Christen meinen, einen Auftrag an die Welt zu erfüllen, der ursprünglich an das jüdische Volk gerichtet war. Jesus selbst sah sich nicht als Religionsgründer. Er war vielmehr der „Gesalbte", der Messias, der das Königreich Gottes heraufführen würde. Seine Zeitgenossen verstanden das so, dass er die Juden von der römischen Vorherrschaft befreien und die Herrschaft Gottes über die ganze Menschheit errichten würde.

Im Zentrum der christlichen Lehren steht die Liebe zu dem einen, universalen Gott, der gleicherweise allen Völkern und Menschen verbunden ist. Die äußerste Liebe zu Gott muss einen Widerschein in unserer Liebe zu den Mitmenschen finden: Einheit mit Gott erfordert den Dienst an unserem Nächsten. Der ethische Vorstoß der jüdischen Tradition fand seinen höchsten Ausdruck in der selbstaufopfernden, christlichen Liebe. Obgleich Engstirnigkeit und Sektenbildung ein immer wiederkehrendes Merkmal in der Geschichte der christlichen Kirchen sind – ihren extremsten Ausdruck fand sie in der mittelalterlichen Inquisition –, so sind doch die grundlegenden Lehren des Ökumenismus immer wieder zu Tage getreten. Heute zeigt sich der Ökumenismus auch in der römisch-katholischen Kirche, die sich den anderen christlichen Konfessionen und sogar gegenüber den „Ungläubigen" öffnet.

Der Islam ist heute vielleicht die umstrittenste aller großen Religionen. In ihrer wechselvollen Geschichte haben die islamischen Lehren die Muslime mehr von den anderen Religionen und Menschen getrennt als sie vereint. Bis in unsere Tage gibt es innerhalb des Islams Streit und Kampf. Muslimische Fundamentalisten sind intolerant, sie rufen noch immer den „Heiligen Krieg" aus, um die Heiden zu vernichten und andere Moslems zu ihren Glaubensvorstellungen zu bekehren. Das islamische Gedankengut hat aber auch einen universalen und ökumenischen Aspekt. *Tawhid*, das Bekenntnis zur Einheit, bedeutet das religiöse Zeugnis „es gibt keinen Gott außer Allah". Allah ist jedoch ein Gott, der nicht nur auf Muslime beschränkt ist. Der Name ist ein Symbol der göttlichen Gegenwart und Offenbarung. *Tawhid* ist auch ein Weg, die menschliche Existenz zu vervollständigen und zusammenzufassen. Seine äußere Form ist das Gesetz oder der Pfad (*Shari'a*), die sich in einer starken Frömmigkeit ausdrückt. Seine nach innen gewandte Form ist der Sufismus, die mystische Wahrnehmung der göttlichen Wirklichkeit. Der Prophet war sowohl Gesetzgeber wie auch Mystiker. Seinen Anhängern gab er Gesetze, aber auch den Wunsch nach einer Vervollkommnung der Seele und einer höchsten Gemeinschaft. Das Bündnis von Medina ist das Modell für solch eine Gemeinschaft unter Mohammed. Es sorgte für eine gerechte Koordination der verschiedenen Stämme und Interessen und gewährte Schutz nicht nur für die Muslime, sondern auch für Juden und Heiden.

Der Hinduismus ist unabhängig von der christlich-jüdischen Tradition und unter den großen Religionen insofern einzigartig, als er keinen einzelnen Begründer hat. Er begann mit Sehern (im Sanskrit als Rishis bekannt), die zwischen 2000 und 1000 vor Christus lebten. Mit ihren Schülern lebten sie in Ashrams, was Einsiedelei bedeutet und in denen Schwarze und Weiße, hoch und niedrig Geborene, Männer und Frauen zusammenlebten. Die enge Bindung zwischen dem Meister und den Schülern hat es der Hindu-Tradition erlaubt, über vier Jahrtausende weitgehend intakt weitergereicht zu werden. Die Upanischaden, eine der zentralen Schriften des Hinduismus, bedeuten wörtlich übersetzt „ein Sitzen zu Füßen des Guru".

Den hinduistischen Mythen und Gedichten mit ihrer reichen Symbolik liegt die folgende Konzeption der Wirklichkeit zugrunde: Das Universum ist ein Kosmos, eine geordnete, geistige Harmonie. Allen Dingen ist ein Bewusstsein eigen, von den Felsen bis zu den Göttern. Da sie die grundlegende Einheit des Universums kennen, haben die Hindus keine Schwierigkeiten, sich in der Vielfalt zurechtzufinden. Die Hindulehren enthalten die Anerkennung *eines* Gottes und von 330 Millionen Göttern. Die Anbetung *des* Gottes und der Götter anderer Religionen wird in gleicher Weise respektiert. Heutige Hindugelehrte betonen ihren Glauben an die Einheit der Menschheit. Sri Aurobindo zum Beispiel proklamierte die Evolution der Menschheit in Richtung auf eine Welteinheit, die von immer höheren Stufen des Bewusstseins gekennzeichnet ist.

Aus dem Hinduismus ging im 6. Jahrhundert vor Christus der Buddhismus hervor, dem Gautama Siddharta, der Buddha, seine Form gab, als er Erleuchtung erlangte und die Bedeutung des Dharma lehrte. Dharma wird als universales Gesetz zum Wohle aller Völker und aller Menschen gelehrt. Der zentrale Lehrsatz handelt von der engen Beziehung der verschiedenen Aspekte der Realität in Abhängigkeit von ihrem gemeinsamen Entstehungsgrund – es ist eine fließende Verbindung von Ursachen und Wirkungen. Wenn ein Mensch zu der Erkenntnis erwacht ist, dass er in Wahrheit nicht eine eigene Wesenheit darstellt, so kann er sich in Harmonie mit dem ganzen Universum und allen seinen Kreaturen schulen und entwickeln. Eine Identifikation mit anderen ist von Buddhisten immer in der Meditation gepflegt worden. Sie dient dazu, die Fähigkeit der Güte und die Tugenden des Mitleids, des Einfühlungsvermögens und der Unparteilichkeit immer weiter zu entwickeln. Heute gibt es buddhistische Bewegungen, die sich sozial verantwortlich fühlen und der Botschaft des Dharma neues Gewicht geben. Die wesenhafte Einheit der Menschheit wird neu bewertet und als Auftrag gesehen, eine höhere Form der Einheit in einem Zustand der Gegenseitigkeit zu errichten.

Die chinesischen Geistestraditionen bestehen hauptsächlich aus dem Konfuzianismus und dem Taoismus. Sie verehren die Harmonie als das höchste Prinzip der Natur und der Gesellschaft. Im Konfuzianismus offenbart sich diese Harmonie in ethischen Begriffen der zwischenmenschlichen Beziehungen, während im Taoismus Harmonie eine fast ästhetische Vorstellung ist, die die Natur und die Beziehung des Menschen zur Natur definiert. Die gegenseitige Abhängigkeit aller Dinge, ihre grundlegende Einheit und ihre zyklische Wechselbeziehung ist im *Tao-te-king* so formuliert: „Der Mensch richtet sich nach der Erde, die Erde richtet sich nach dem Himmel, der Himmel richtet sich nach dem Tao und das Tao richtet sich nach dem, was natürlich ist."

Die traditionellen Vorstellungen des Taoismus sind auch in das westliche Denken eingeflossen, besonders bei jenen Intellektuellen, die sich darum bemühen, eine Integration der östlichen und westlichen Gedankenwelten zu erreichen.

Ökumenismus und Humanismus sind beständige Elemente in den großen religiösen und geistigen Traditionen. Sie müssen nur ans Licht gebracht und miteinander in Beziehung gesetzt werden. Hier wird eine andere Religion wichtig, die zwar neu, aber äußerst bedeutsam ist.

Die Bahá'í-Auffassung, die sich auf die schon genannten Lehren des im 19. Jahrhundert in Persien erschienenen Propheten Bahà'u'lláh gründet, erkennt die ganze Menschheit als eine organische Einheit in permanenter Entwicklung. Jede der großen Religionen und jeder ihrer Propheten spielt bei dieser fortschreitenden Entwicklung eine Rolle. Jede Offenbarung von Abraham und Moses bis Jesus, Mohammed und Buddha spricht die geistigen Wahrheiten, die die Grundlage der menschlichen Existenz bilden, immer wieder neu aus und erweitert sie. Jede von ihnen ist eine Station auf dem Wege der Menschheit zum Endziel der Einheit, dem sie sich nun nähert. Die Haupthindernisse sind Rassismus, Sexismus, Ungleichgewichte zwischen Arm und Reich, ungezügelter Nationalismus, Unwissenheit, Informationsmangel und nicht zuletzt religiöser Streit.

Erziehung

Wissenschaft, Kunst und Religion können nur dann zu wirkungsvollen Kräften werden, wenn ihre Gedanken, Einsichten, Intuitionen und Überzeugungen in der Gesellschaft auch Verbreitung finden. Selbst wenn Wissenschaft, Kunst und Religion das Denken und Fühlen praktisch aller Menschen beeinflussten, würden doch die Einzelmenschen, die weder mit der Kunst noch mit der Wissenschaft zu tun haben noch in irgendeiner bewussten Weise religiös sind, nur sehr langsam auf die neuen wissenschaftlichen, künstlerischen und religiösen Ideen und Tendenzen reagieren. Sie müssen durch andere, volkstümlichere Mittel erreicht werden. Hier wäre ein neues Aufgabengebiet für die Massenmedien.
Obgleich die Massenmedien – Zeitungen, Radio und vor allem das Fernsehen – diese wichtigen Botschaften sehr wirkungsvoll verbreiten könnten, ist es doch sehr schwer zu erkennen, wie sie sich dieser

Aufgabe hinreichend anpassen könnten. Die Massenmedien sind nun einmal auf Kurzzeitwirkungen ausgerichtet, auf Themen von Aktualität. Sie werden sich nur dann ändern, wenn sich die Interessen und die Forderungen des Publikums ändern. Dies wiederum wird vermutlich erst dann geschehen, wenn die neuen Ideen bereits ihren Durchbruch erlangt haben und Einfluss ausüben. Im Moment sieht es so aus, dass sich die Massenmedien erst ändern, wenn sich der Publikumsgeschmack ändert, und das Publikum seinen Geschmack erst ändert, wenn es die neuen Ideen auf dem Wege über die Massenmedien nahegebracht bekommen hat. Die Massenmedien selbst können diesen Teufelskreis nicht durchbrechen, wohl aber die öffentlichen Einrichtungen, die sich den Erziehungsaufgaben widmen.

Will die Erziehung diese schwere Verantwortung wahrnehmen, so muss sie das Kunststück fertig bringen, sich selbst zu verändern. Die Einrichtungen des öffentlichen Erziehungssystems, einschließlich des staatlichen Rundfunks und Fernsehens, der öffentlichen Schulen und Einrichtungen der höheren Weiterbildung, sind von den wankelmütigen Strömungen des Volksgeschmacks weniger abhängig als die kommerziellen Massenmedien. Sie haben mehr Spielraum, um sich selbst neu zu orientieren.

Gesellschaftliche Verantwortung des Journalismus, von dem heute so viel gesprochen wird, kann seinen konkreten Ausdruck im Rahmen verantwortungsbewusster Medien finden. Verantwortliche Berichterstattung und Programmgestaltung verlangt, dass man sich mit Themen von lokaler wie auch von weltweiter Bedeutung befasst, die über das Kurzzeitinteresse hinausgehen. Solch Themen brauchen nicht in der abgehobenen Sprache der Wissenschaften abgehandelt zu werden und auch nicht in der oft pompösen Verpackung wissenschaftlicher Dokumentation. Schauspiele, Komödien, Gedichte und eine fantasievolle Behandlung aktueller Geschehnisse in den Massenmedien könnten einen wichtigen, positiven Einfluss ausüben. Wenn sie Zeit (im Funk) und Raum (in der Presse) bekämen, würde das viele Schriftsteller und Filmemacher ermutigen, sich mit solchen Themen näher zu befassen und dabei ihre dramatischen und ästhetischen Möglichkeiten einzusetzen.

Der Einfluss des Journalismus auf die öffentliche Erziehung ist bedeutsam, genügt allein aber nicht. Die Haupteinrichtungen des heutigen Erziehungswesens müssten sich anschließen. Es gibt gute Möglichkeiten für die Veränderung aller Zweige des Erziehungssystems, aber sie werden nicht ohne Schwierigkeiten ablaufen. Die heutigen Institutionen sind in einer überholten Weltsicht befangen und kultivieren merkwürdige Ansichten über unseren Platz in der Welt. Noch immer spalten sie sich auf in verschiedene Subkulturen: die naturwissenschaftlich-technische, die sozialwissenschaftlich-politische, die künstlerisch-geistig-religiöse. Diese Aufteilung – wie auch jene zwischen den exakten Wissenschaften und den Geisteswissenschaften – ist heutzutage überholt und gefährlich. Sie hindert die Menschen daran, eine Gesamtvision ihrer selbst und ihres Zeitalters zu erwerben und die Dinge in einer Gesamtperspektive zu sehen. Heute besteht kein Grund mehr, diese starre Trennung zwischen unserem Verständnis der Vorgänge in der Natur, im Menschen und in der Gesellschaft aufrechtzuerhalten. Mit dem Aufstieg der System- und Evolutionswissenschaften ist der Weg frei für eine Sicht, die die Dinge so zeigt, wie sie sind: als ganzheitliche Einheiten und nicht als Fragmente.

Eine Reform des Erziehungssystems im sozialwissenschaftlich-politischen Kulturbereich ist für die Zukunft von besonderer Bedeutung. Obgleich zwischen den Kulturbereichen keine starren Grenzen gezogen zu werden brauchen, verdient dieser Bereich die erste Aufmerksamkeit, denn er spielt bei der Sozialisation unserer Kinder in der heutigen Welt die wichtigste Rolle. Man kann sagen, dass der Lehrplan für Sozialkunde in den Schulen in fast allen Teilen der Welt das herausstellt, was man beschönigend „nationales Ethos" nennen könnte, was aber in Wirklichkeit die Ursache für die Neigung vieler Erwachsener zu einem echten Chauvinismus ist. Von einer solchen Ausrichtung führt ein direkter Weg zu internationalen und interkulturellen Missverständnissen, zu Intoleranz und Konflikten. Die Kategorien, die Kinder in der Schule lernen, werden verinnerlicht und Teil ihrer Persönlichkeit. Sie drücken sich in Haltungen und Einstellungen aus, die die sozialen und politischen Prozesse nicht nur ihres eigenen Landes beeinflussen, sondern über die Position ihres Landes innerhalb einer voneinander abhängigen Welt auch weit darüber hinaus Einfluss haben. Aus diesem Grunde ist dringend zu fordern, dass die Schulen nicht länger ein engstirniges und kurzsichtiges Nationalethos hochhalten und die Außen- und Weltpolitik nicht durch eine chauvinistische Brille betrachten und darstellen.

Das alles erfordert größere Reformen. Eine systematische Überprüfung der Schulbücher, die im Sozial- und Gemeinschaftskundeunterricht in den Vereinigten Staaten und in Europa benutzt werden, zeigt, dass gewöhnlich besondere Betonung auf die Geschichte des eigenen Landes gelegt wird auf Kosten der Geschichte aller anderen Länder und dass Ereignisse und Episoden aus der eigenen Landesgeschichte in einseitiger Weise dargestellt werden. All dies veranlasst Kinder zu glauben, dass ihr Volk den anderen überlegen ist. Andere Länder erscheinen entweder als „Freunde" oder „Feinde" und ihr eigener Wert und ihre eigene Leistung werden nicht objektiv dargestellt. Die Schulbuchtexte fordern nicht eine Diskussion und ein kritisches Denken heraus, sie verlangen nur ein passives Akzeptieren dessen, was über das Land und über die Welt im allgemeinen gesagt wird. Lehrer der Grundschulen und der weiterführenden Schulen behandeln politische Kontroversen selten offen. Sie verstehen es als ihre Rolle, die Kinder zu loyalen Bürgern ihres Landes werden zu lassen, die Respekt und Gehorsam gegenüber der Autorität zeigen. Das Ergebnis ist, dass das Erziehungssystem dazu beiträgt, Konformität, Passivität, Provinzialität und enge, kurzsichtige Ausblicke zu vermitteln. Dieser Stand der Dinge ist aber ebenso überholt und unnötig wie die Aufteilung der Weltsicht in exakte Naturwissenschaften und Humanwissenschaften. Es gibt keinen Widerspruch zwischen weltweiter Zusammenarbeit und Loyalität gegenüber der eigenen Nation und Kultur. Es besteht auch kein innerer Widerspruch, wenn man ein gutes Mitglied einer Familie, einer Gemeinde, eines Berufes, eines Volkes und gleichzeitig auch noch der Weltgemeinschaft aller Kulturen und aller Nationen ist. Wenn man stattdessen anerkennt, dass andere Nationen dieselbe Lebensberechtigung und denselben Wert haben, so ist das die Voraussetzung dafür, den eigenen Platz für sich selbst und für sein eigenes Land innerhalb der Weltfamilie aller Völker und aller Länder besser zu finden.

Allgemein gilt, je prestigeträchtiger eine Schule, desto eher vermittelt sie die chauvinistischen Ansichten und die Wertsysteme der Gesellschaft, die sie auf diesen Sockel emporgehoben hat. Dies ist eines der Haupthindernisse, wenn man Eliteschulen oder -universitäten reformieren will. In solchen erhabenen Institutionen besteht eine deutliche Tendenz, „Traditionen" besonders hoch zu bewerten, so dass der Ausblick eingeengt und Neuerungen behindert werden. Erziehungseinrichtungen mit hohem Prestige haben die Tendenz, Führerpersönlichkeiten hervorzubringen, die es darauf anlegen, den Status quo zu erhalten. Aber gerade das ist in einer so schnell sich ändernden Welt keineswegs wünschenswert. Was unsere Welt braucht, sind nicht auf den Status quo fixierte Erziehungssysteme, auch keine Elfenbeintürme für die Erzeugung von Superspezialisten, sondern flexible und funktionale Lehreinrichtungen, wo Menschen aller Altersgruppen sich mit Themen und Ideen beschäftigen, die für ihre eigene Zukunft wie auch für die der Menschheit als Ganzes von Bedeutung sind.

Flexible Erziehungssysteme, die auf solche Aufgaben ausgerichtet sind, machen den Bedarf an hochqualifizierter Bildung nicht überflüssig. Wir brauchen immer Schulen, in denen die edelsten Früchte der Wissenschaft kultiviert und von einer Generation auf die nächste weitergegeben werden. Aber Einrichtungen, die ihren Blick einseitig auf die Tradition richten und die Schüler beruflich zu eng spezialisieren, können der Anforderung der neuen Zeit nicht mehr gerecht werden. Diese Systeme werden durch andere Institutionen ergänzt werden müssen, bei denen die Wissensvermittlung weitgefächert ist, alle Wissensgebiete eingeschlossen sind und sie als Ganzes präsentieren. Am Ende des 20. Jahrhunderts braucht die Welt eine neue Art von Bildungseinrichtungen, wo Spezialisten und allen Menschen dazu verholfen wird, einen großräumigen Überblick ihrer Zeit und ihrer Probleme zu gewinnen. Das müssen Einrichtungen von hoher Qualität sein, die sich der Aufgabe verschrieben haben, das ganze Wissen zusammenzufassen und eine gesunde, holistische Vision zu entwickeln. Der Lehrkörper, der Lehrplan und das ganze Gefüge dieser Systeme müssen sich deutlich von den gegenwärtig vorherrschenden Arten spezialisierter und an eine Tradition gebundener Schulen unterscheiden.

Erziehung ist keine Spezialität unter anderen Spezialitäten, sondern eine lebenslange Berufung. Lehrer in Einrichtungen der allgemeinen Bildung brauchen nicht hochspezialisiert zu sein; das würde ihren geistigen und persönlichen Horizont eher einengen und ihren Unterricht in unzusammenhängende Fachgebiete aufspalten. Sie müssen ganze Persönlichkeiten sein, die das, was sie lehren, auch vorleben.

Um diese Art von Lehrern heranzubilden, sind praxisnahe Wege vorzuziehen, wie zum Beispiel, dass Lehrer auch außerhalb der Schule Berufs- und sonstige Erfahrungen sammeln können. Lehrer sollten nicht ihr ganzes Leben innerhalb der Schulräume verbringen: Sie könnten im Berufsleben ihre Erfahrungen überprüfen, ihre Fähigkeiten verbessern, über ihre Kenntnisse nachdenken und in ihrem Geist und ihrer Persönlichkeit die vielfältigen Facetten der heutigen Möglichkeiten aufnehmen. Ein anderer Weg wäre, Menschen mit vielfältigen Lebenserfahrungen in die Schule zu bringen. Auch ältere Menschen im Ruhestand könnten vorzügliche Lehrer abgeben, wenn sie die Möglichkeit bekämen, mit jungen Menschen in Kontakt zu kommen, die ihrerseits daran interessiert sind, von dieser Lebenserfahrung zu lernen.

Die Kenntnisse, die wir in dieser kritischen Epoche benötigen, werden am besten außerhalb der Vorlesungssäle gewonnen. Neue Modelle sind informelle Seminare und Diskussionsgruppen, individuelles Studium unter der Anleitung eines Tutors und echte Praktika. Allgemeinbildung ist somit idealiter ein Zusammenwirken von Verständnis, Wissen und Fertigkeiten. Junge Leute, die nicht gerade die Absicht haben, sich für einen spezialisierten technischen Beruf auszubilden, sollten nicht dazu gezwungen werden, in einen behüteten Campus zu gehen, noch sollten ältere Menschen, die ein besseres Verhältnis für die zeitgenössischen Probleme gewinnen wollen, nur vor die Wahl gestellt sein, wieder die alten Schulbänke zu drücken.

Diese Vorschläge für eine Reform der Allgemeinbildung dürfen nicht missverstanden werden. Allgemeinbildung soll nicht zu einer Art Kindergarten werden, der von den Besten und Ehrgeizigen bald verlassen wird. Allgemeinbildung sollte als eine wichtige Voraussetzung für jede Form des Studiums angesehen werden. Der Überblick, den wir alle brauchen, ist nicht eine Vereinfachung, sondern eine Integration der neuesten Früchte des heutigen Wissens. Diese Integration ist eine wesentliche und nie endende Aufgabe. Unsere Bildungseinrichtungen müssen mehr werden als nur passive Kanäle für die Übermittlung von Wissen. Sie müssen zu Foren und Treffpunkten werden, nicht für Superspezialisten, sondern für „spezialisierte Generalisten", also für im besten Sinne Gebildete. Ihre Hauptaufgabe wäre, die neuen Erkenntnisse der Wissenschaft, der Kunst und der Glaubenssysteme des heraufziehenden Zeitalters zu sichten und zu einem Ganzen zusammenzufügen.

Vielleicht mag diese Aufgabe zu ehrgeizig erscheinen, da sie einen neuen „Renaissancemenschen" erfordert, der die ganze Spannbreite des Wissens seiner Zeit in sich aufnimmt. In Wirklichkeit sind die Anforderungen bescheidener. Wenn wir die integrierten Theorien und die Ideen betrachten, die sich heute in den Wissenschaften zeigen, so brauchen wir nicht die Fähigkeiten eines Genies, um einen holistischen Überblick zu gewinnen. Schon heute kann diese Aufgabe systematisch angepackt werden. Es gibt einige Institute, die diesen Versuch bereits unternehmen.

Eine solche Einrichtung ist die *Wiener Akademie für Zukunftsfragen*, eine neu errichtete private Universität, der der Verfasser als Rektor dient. Es ist das erklärte Ziel dieser Akademie, das holistische Denken zu fördern, das sich auf einen Zusammenschluss der Spitzenerkenntnisse in den Natur- und Sozialwissenschaften gründet und sich um einen kreativen Dialog zwischen den heutigen Natur- und Geisteswissenschaften bemüht.

Diese Akademie bewältigt diese ehrgeizige Aufgabe auf dem Gebiet der Forschung ebenso wie auf dem der Lehre. Ihre Forschungsinstitute werden durch praktische Beratungsdienste ergänzt. Ihr *Institut für integrative Analyse* ist für Forschungen, Analysen und Bewertungen von Langzeittrends auf wirtschaftlichem, sozialem und kulturellem Gebiet verantwortlich und dient den öffentlichen Stellen in Österreich und im Ausland. Das *Internationale Institut für Evolutionäre Studien* widmet sich der Grundlagenforschung und zielt auf eine Integration der Natur-, Sozial- und Geisteswissenschaften mittels der neuerdings erkannten Gesetze und Prinzipien der Evolution und der Komplexität. Das *Institut für integrative Beratung und Innovation* widmet sich aufgabenorientierten Studien über spezielle multidimensionale Probleme auf den Gebieten der Wirtschaft, der Politik, der Gesellschaft und der Kultur. Es steht Einzelpersonen, Geschäftsunternehmen und Einrichtungen verschiedener Art zur Verfügung. Die Arbeitskreise, die ihm angegliedert sind, versuchen die intellektuellen und emotionalen Fähigkeiten der Teilnehmer zu integrieren sowie ihre Kreativität und Problemlösungsfähigkeit zu entwickeln.

Die *Wiener Akademie* ist bei diesen Bemühungen nicht allein: Andere Institute und Institutionen wie zum Beispiel das *Institut für Noetische Wissenschaften* in Kalifornien, das *Aspen Institut* in Colorado, das *Internationale Institut für Management* in der Schweiz (um nur einige wenige zu nennen) arbeiten in ähnlicher Weise. Andererseits hat bisher nur die *Wiener Akademie* eine Integration von Forschung,

Lehre und Beratung unternommen und steht nicht nur den Wissenschaftlern oder Managern offen, sofern Menschen aus allen Lebensbereichen, von der Wirtschaft und der Politik bis zum Normalbürger.

Solche Zentren für integratives Lernen haben in unserer Zeit eine besonders kritische Aufgabe. Gäbe es keine Integration, wie sie von „spezialisierten Generalisten" in solch einem Institut geleistet wird, bliebe die Verbindung zwischen den Naturwissenschaften, der Kunst und den Religionen äußerlich und oberflächlich. Diese Verbindung muss aber noch tiefer gehen. Sie muss eine integrierte und ganzheitliche Einsicht wecken. Wir brauchen Institutionen, die die Verantwortung auf sich nehmen, holistische Einsichten zu vermitteln, indem sie die neuesten Entwicklungen in den Wissenschaften, der Kunst und den Religionen überschauen, überprüfen und zusammenstellen. Dazu gehört mehr, als die Vorstellungen und Theorien nebeneinander zu stellen oder aufzureihen wie in einem Wörterbuch oder einer Enzyklopädie. Es kommt darauf an zu zeigen, dass diese Theorien zusammenpassen und ein organisches Ganzes bilden. Dies kann tatsächlich erreicht werden, denn der „spezialisierten Generalisten" gibt es immer mehr. Holistisches Denken tritt in einer großen und vielfältigen Zahl von Gebieten zutage, von der Astrophysik bis zur Unternehmensführung. Zu ihnen gehört eine neue Generation von holistisch denkenden Experten. Es wird höchste Zeit, dass die holistisch denkenden Wissenschaftler zusammengeführt werden, dass sie voneinander lernen und in der Zusammenarbeit eine integrale Vision entwickeln, das *sine qua non* für die Sicherheit der Menschheit auf dem Wege in das neue Zeitalter.

Durch eine solche Verbindung von Wissenschaft, Kunst, Religion und Erziehung könnten wir lernen, die Probleme und Herausforderungen unserer Epoche als Elemente in einem komplexen, aber einheitlichen historischen Prozess zu sehen. Unsere entscheidende Epoche würde so aus verschiedenen, sich ergänzenden Blickwinkeln betrachtet werden. Aus dem Blickwinkel der Wissenschaft wird sie als Evolution einer spezifischen Variante von komplexen Systemen erscheinen, eine Evolution, in der die universalen Gesetze von Systementwicklungen die Formen bekommen und die Charakteristika entwickeln, die für die heutige Menschheit in ihrem globalen Milieu typisch sind. Aus der Perspektive der Kunst wird sie als ein Abenteuer erscheinen, das voller Dramatik und tiefer Bedeutung steckt, das der persönlichen Kreativität neue Möglichkeiten eröffnet und neue Verhältnisse des Lebens, der Gemeinschaft und der Solidarität schafft. Aus der Optik der Religionen wird diese Übergangszeit noch tiefere Bedeutung gewinnen, nämlich als das Auftauchen einer noch edleren Form der Einheit, wodurch noch höhere Stufen des Bewusstseins erreicht werden, was einen weiteren Schritt des Menschen auf dem Weg zu Einheit und Erleuchtung darstellt.

Die kulturelle Apollo-Mission unseres Zeitalters ist keinesfalls unmöglich. Um sie zu bewerkstelligen, muss eine neue Dimension des sozialen Bewusstseins wachsen, ein Gefühl für Verantwortlichkeit bei den Wissenschaftlern, Künstlern, Erziehern und den gläubigen Menschen. Sie verlangt flexibel strukturierte Institutionen der Lehre, der Forschung und der Beratung, in der Gruppen „spezialisierter Generalisten" sich der Aufgabe widmen, die neuen Erkenntnisse in praktische Zukunftsstrategien zu verwandeln.

Anhang 1

Grundlagen einer Theorie evolutiver Systeme

Wenn wir unsere Aussichten verbessern wollen, ein neues und humaneres Zeitalter zu errichten, so müssen wir die Bifurkationen, die auf uns zukommen werden, erfolgreich bewältigen. Dies verlangt das rechtzeitige Ergreifen von Maßnahmen, die auf Voraussicht gegründet sein müssen, und Voraussicht ihrerseits verlangt solide Kenntnisse. Glücklicherweise gewinnen wir heute solche Kenntnisse in den Wissenschaften komplexer Systeme. Die Grundlagen dieser neuen Erkenntnisse sind nicht schwer zu verstehen, und wir werden sie nun kurz skizzieren, ohne vom Leser mehr zu verlangen als eine gewisse Vertrautheit mit wissenschaftlichen Prinzipien.

Obgleich viele Zweige der empirischen Natur- und Sozialwissenschaften weiterhin Forschungen auf ihren eigenen Spezialgebieten betreiben, gibt es heutzutage eine interdisziplinäre Wissenschaft, die sich mit dem Erscheinungsbild, der Entwicklung und dem Funktionieren komplexer Systeme beschäftigt, unabhängig von dem Fachgebiet, zu dem diese Systeme gehören. Die Wissenschaft komplexer Systeme entstand aus der allgemeinen Systemtheorie und der Kybernetik und wurde fortentwickelt durch Ilya Prigogines Thermodynamik des Nichtgleichgewichts und die neueren Ergebnisse der Theorie dynamischer Systeme. Diese Entwicklungen skizzieren eine neue Wissenschaft der Evolution, in der die Menschheit kein Fremdkörper ist. Unsere Spezies und unsere Gesellschaften entwickeln sich im großen Rahmen der kosmischen Evolution, münden in die biologische Evolution und schließlich in die Evolution der Geschichte. Wenn es eine solide Grundlage dafür gibt, mit den bevorstehenden Bifurkationen fertig zu werden, so kann diese Wissenschaft der evolutiven Systeme sie gewiss bieten.

Grundkonzepte

In unserem Universum ordnet sich Materie in immer komplexeren Einheiten, deren Teile zusammenhängen und das gleiche Schicksal erleiden. Diese geordneten Einheiten nennt man Systeme. Nicht alle Systeme in unserer Welt sind gleich. Ihre Einteilung folgt jedoch nicht den traditionellen Kategorien von Natur- und Gesellschaftswissenschaften, die nach physikalischen, chemischen oder biologischen Systemen unterscheiden. Die neuen Kategorien der Systemwissenschaft unterscheiden nach der Nähe oder Ferne eines Systems vom Gleichgewichtszustand. Gleichgewichtsferne Systeme waren bis vor kurzem unbekannt, jedoch bilden sie jene Kategorie von Systemen, die sich in der materiellen ebenso wie in der biologischen und menschlichen Welt entwickeln. Die beiden anderen Kategorien von Systemen (Systeme im Gleichgewicht und gleichgewichtsnahe Systeme) sind schon seit über einem Jahrhundert bekannt.

In Gleichgewichtssystemen hat der Fluss von Energie und Materie die Unterschiede in Temperatur und Konzentration ausgeglichen. Die Bestandteile des Systems befinden sich in einer ungeordneten und zufälligen Verteilung und das System selbst ist homogen und von träger Dynamik. In Systemen, die sich *nahe am*, aber nicht *im* Gleichgewicht befinden, bestehen geringe Unterschiede in Temperatur und Konzentration. Die innere Struktur ist nicht zufällig und die Systeme sind nicht träge. Solche Systeme haben die Tendenz, sich in Richtung auf das Gleichgewicht zu bewegen, sobald die Bedingungen, die sie im Nichtgleichgewicht halten, aufgehoben werden. Systeme in diesem Zustand erreichen ein Gleichgewicht, wenn sich die Vorwärts- und Rückwärtsreaktionen statistisch aufheben, so dass es insgesamt keine Unterschiede mehr in der Konzentration gibt. Dieses Ergebnis wird das Massenwirkungsgesetz genannt oder das Guldberg-und-Waage-Gesetz. Die Aufhebung der Unterschiede in der Konzentration nennt man chemisches Gleichgewicht und das Erreichen einer gleichmäßigen Temperatur thermisches Gleichgewicht. Ein System im Nichtgleichgewicht verrichtet Arbeit und erzeugt daher Entropie. Im Gleichgewichtszustand wird keine weitere Arbeit verrichtet und die Erzeugung von Entropie hört auf. In einem Zustand des Gleichgewichts ist die Produktion von Entropie und sind die Kräfte und Flüsse (die Raten von irreversiblen Prozessen) gleich Null, während in Zuständen nahe dem

Gleichgewicht die Erzeugung von Entropie gering, die Kräfte schwach und die Flüsse lineare Funktionen der Kräfte sind. Daher ist der Zustand nahe dem Gleichgewicht ein solcher des linearen Nichtgleichgewichts, das durch lineare Thermodynamik beschrieben, statistisch vorhersagbar in Richtung auf einen maximalen Verbrauch freier Energie ist und auf ein höchstes Niveau der Entropie zustrebt. Systeme, die sich in diesem zweiten Zustand befinden, werden unabhängig von den Anfangsbedingungen schließlich einen Zustand erreichen, der durch die geringstmögliche freie Energie und die höchstmögliche Entropie gekennzeichnet ist, die mit den Randbedingungen vereinbar sind.

Die dritte mögliche Kategorie betrifft Systeme, die weit vom thermischen und chemischen Gleichgewicht entfernt sind. Solche Systeme verhalten sich nichtlinear und durchlaufen nicht vorherbestimmbare Phasen. Sie bewegen sich nicht in Richtung auf ein Minimum an freier Energie und ein Maximum an spezifischer Entropie zu, sondern verstärken gewisse Fluktuationen und entwickeln sich in Richtung auf ein neues dynamisches Regime, das sich von einem stabilen Zustand oder einem Zustand nahe dem Gleichgewicht radikal unterscheidet.

Auf den ersten Blick scheint die Evolution eines Systems im gleichgewichtsfernen Zustand dem berühmten zweiten Hauptsatz der Thermodynamik zu widersprechen. Wie können Systeme den Grad der Komplexität und Organisation steigern und energiereicher werden? Der zweite Hauptsatz sagt aus, dass in jedem isolierten System Organisation und Struktur mit der Zeit verschwinden und durch Gleichförmigkeit und Zufälligkeit ersetzt werden. Heutige Wissenschaftler wissen jedoch, dass sich entwickelnde Systeme nicht isoliert sind und dass daher der zweite thermodynamische Hauptsatz nicht vollständig das beschreiben kann, was in ihnen geschieht, genauer gesagt, was zwischen ihnen und ihrer Umgebung stattfindet. Die Systeme der dritten Kategorie sind notwendigerweise immer offene Systeme, so dass Veränderungen der Entropie in ihnen nicht eindeutig durch innere irreversible Prozesse bestimmt werden. Interne Prozesse in den Systemen selbst gehorchen sehr wohl dem zweiten Hauptsatz: Freie Energie, die einmal verbraucht ist, steht für weitere Arbeit nicht mehr zur Verfügung. Aber Energie für weitere Arbeit kann von diesen offenen Systemen sehr wohl aus ihrer Umgebung importiert werden.

Transport freier Energie – oder negativer Entropie – kann über die Grenzen des Systems hinweg erfolgen.*)

Wenn die zwei Größen – die Energie innerhalb des Systems und die über die Grenzen des Systems aus der Umwelt transportierte freie Energie – sich die Waage halten und einander ausgleichen, ist das System in einem Fließgleichgewicht. Da diese beiden Teile einer dynamischen Umgebung einander selten über eine längere Zeitspanne hinweg ausgleichen, sind Systeme in der realen Welt bestenfalls metastabil: sie schwanken eher um Zustände, die ihr Fließgleichgewicht kennzeichnen, als dass sie sich in einem bestimmten Zustand befinden.

Diese Grundlagen sind auf verschiedenartige Weise und in einer großen Zahl wissenschaftlicher Gebiete angewandt, überprüft und ausgearbeitet worden. Forschungen, die sich mit evolutiven Konzepten beschäftigen, können, grob gesagt, in zwei Kategorien eingeteilt werden: empirische Forschung, die sich auf Beobachtungen und Experimente verlässt, und theoretische Forschung an formalen, das heißt an mathematischen und topologischen Modellen von Systemverhalten.

Empirische Forschung

Der Ausgangspunkt für empirische Forschung ist die Beobachtung, dass unter geeigneten Bedingungen bei einem ständigen reichhaltigen Energiefluss durch ein System dieses einen Zustand erlangt, der durch ein höheres Maß an freier Energie und geringeres Maß an Entropie gekennzeichnet ist. Wie Ilya Prigogine in den 60er Jahren voraussagte und wie die Experimente durch den Biologen Harald Morowitz schon 1968 bestätigten, organisiert ein Energiefluss durch ein gleich-

---

*) Veränderungen eines Systems werden durch die Prigoginesche Gleichng $dS = d\char94 eS + d\char94 iS$ definiert, dabei ist dS die Gesamtveränderung der Entropie des Systems, während $d\char94 iS$ die Entropieveränderung durch irreversible Veränderungen innerhalb des Systems ist und $d\char94 eS$ den Energietransport über die Grenzen der Systeme hinweg bezeichnet. In einem isolierten System ist dS immer positiv, es wird eindeutig durch $d\char94 iS$ bestimmt, das notwendigerweise zunimmt, da das System Arbeit verrichtet. In einem offenen System jedoch kann $d\char94 eS$ die Entropie, die innerhalb eines Systemes erzeugt wird, ausgleichen und sie sogar übertreffen. Daher braucht dS in einem offenen System nicht positiv zu sein, es kann auch Null oder negativ sein. Das offene System kann sich in einem stationären Zustand befinden ($dS = 0$) oder es kann wachsen und an Komplexität zunehmen $dS < 0$. In einem solchen System wird die Veränderung der Entropie durch die Gleichung $d\char94 eS - d\char94 iS < 0$ dargestellt; das bedeutet, die Entropie, die innerhalb des Systems durch irreversible Prozesse erzeugt wird, wird an die Umgebung abgegeben.

gewichtsfernes System, das heißt eines, das sich im dritten Zustand befindet, seine Strukturen und Bestandteile und befähigt es, zunehmende Mengen von Energie anzureichern, zu nutzen und zu speichern. Gleichzeitig erhöht sich die Komplexität des Systems und seine spezifische Entropie verringert sich.

Das kennzeichnende Maß der Entwicklung ist nicht die Zunahme der freien Energie im System, sondern die Zunahme der freien Energieflussdichte, die zugänglich, gespeichert und in ihm genutzt wird. Die Energieflussdichte ist ein Maß der pro Zeiteinheit und Volumeneinheit zur Verfügung stehenden freien Energie, zum Beispiel erg/sec/cm^3. Wenn wir in Bereichen zu immer komplexeren Systemen aufsteigen, stellen wir fest, dass auch die Dichte des freien Energieflusses zunimmt. Ein komplexes chemisches System enthält mehr davon als ein einatomiges Gas; ein lebendiges System enthält mehr als ein komplexes chemisches System. Dies deutet die Grundrichtung der Evolution an und ist ein umfassendes Entwicklungsgesetz, das den Zeitpfeil in der physikalischen Welt ebenso wie im lebendigen Universum bestimmt.

Das Verhältnis vom Energiefluss im Laufe der Zeit und Veränderung der spezifischen Entropie und der Energieflussdichte ist nicht nur wichtig, um die Frage zu beantworten, wie sich ein System im dritten Zustand entwickelt, sondern vor allem, ob solche Systeme sich notwendigerweise so entwickeln, wenn gewisse Anfangsbedingungen gegeben sind. Bis in die 70er Jahre neigten Forscher zu der Ansicht – und diese Ansicht wurde äußerst beredt vom französischen Biologen Jacques Monod vertreten –, dass die Evolution hauptsächlich auf Zufallsfaktoren beruht. Aber in den 80er Jahren sind jetzt viele Wissenschaftler davon überzeugt, dass Evolution kein Zufall ist, sondern notwendigerweise so abläuft, wenn gewisse Parameter gegeben und Erfordernisse erfüllt sind.

Laboratoriumsexperimente und quantitative Berechnungen bestätigen den nichtzufälligen Charakter der Evolution, wenn es sich um Systeme des dritten Zustandes handelt. Immer entwickeln sich geordnete Strukturen, wenn komplexe Systeme von einem reichen, andauernden Energiefluss gespeist werden. Folgende Grundsätze sind für dieses evolutive System verantwortlich. Erstens muss das System offen sein, das heißt, ihm müssen Ausgangsprodukte zugefügt werden und es muss sich seiner Endprodukte entledigen können. Zweitens muss das System eine hinreichende Vielfalt an Komponenten und komplexen Strukturen haben, um in mehr als einem dynamischen Zustand stabil zu sein. Und schließlich muss es Rückkopplung und katalytische Zyklen zwischen den Hauptbestandteilen des Systems geben.

Das Erfordernis der katalytischen Zyklen hat eine solide Basis. Im Laufe der Zeit neigen solche Zyklen dazu, wegen ihrer beachtlichen Fähigkeit der Beständigkeit selbst unter vielfältigen Bedingungen auf natürliche Weise ausgelesen zu werden. Katalytische Zyklen haben eine große Stabilität und bewirken schnelle Reaktionen. Es gibt sie in zwei Spielarten: Autokatalyse, wo ein Produkt der Reaktion seine eigene Synthese katalysiert, und gegenseitige Katalyse oder Kreuzkatalyse, wo zwei verschiedene Produkte (oder Gruppen von Produkten) jeweils die Synthese des anderen katalysieren.*)

In relativ einfachen chemischen Systemen herrscht Autokatalyse vor, während in komplexeren Prozessen, die für lebendige Phänomene charakteristisch sind, ganze Ketten von gegenseitig-katalytischen „Hyper"zyklen entstehen. Zum Beispiel hat der deutsche Chemiker Manfred Eigen gezeigt, dass Nukleinsäuremoleküle Informationen tragen, um sich selbst und um ein Enzym zu produzieren. Das Enzym katalysiert die Produktion eines anderen Nukleinsäuremoleküls, welches sich seinerseits selbst reproduziert und außerdem ein weiteres Enzym. Diese Schleife kann eine große Zahl von Elementen enthalten, am Ende schließt sich der Kreis und bildet einen Reaktionszyklus der Kreuzkatalyse von erstaunlich schnellen Reaktionen und einer großen Stabilität, selbst unter verschiedenartigen parametrischen Be-

---

*) Autokatalyse ist das Reaktionsschema $X + Y \rightarrow 2\,X$. Je ein Molekül von X und Y katalysieren zwei Moleküle X. Die chemische Ratengleichung für diese Reaktion lautet $dX/dt = k\,X\,Y$. Wenn die Konzentration (k) von Y konstant gehalten wird, ergibt sich ein exponentielles Wachstum von X. Gegenseitige Katalysereaktionskreise sind eingehend von der Brüsseler Schule von Ilya Prigogine erforscht worden. Ein Modell einer solchen Reaktion, Brüsselator genannt, besteht aus vier Schritten

1) $\qquad\qquad\qquad A \rightarrow X$
2) $\qquad\qquad\qquad B + X \rightarrow Y + D$
3) $\qquad\qquad\qquad 2X + Y \rightarrow 3X$
4) $\qquad\qquad\qquad X \rightarrow E$

In diesem Reaktionsmodell stellen X und Y Zwischenschritte in einer Gesamtfolge dar, in der aus A und B, D und E wird. Im zweiten Schritt (2) wird Y aus X hergestellt, während im dritten Schritt (3) ein zusätzliches X durch eine Kollision von 2X und Y erzeugt wird. Während (3) in sich selbst eine Autokatalyse darstellt, bildet die Kombination von (2) und (3) die Kreuzkatalyse.

138

dingungen. Es ist daher nicht erstaunlich, dass katalytische Hyperzyklen der Stabilität der Sequenz von Nukleinsäuren zugrunde liegen, die den Bauplan für lebendige Organismen enthalten; andererseits bilden sie auf einem höheren Evolutionsniveau die Grundlage für die Beständigkeit der biologischen Arten wie auch ganzer Ökologien in der Biosphäre unseres Planeten.

Steht genügend Zeit zur Verfügung und ein ausreichender, dauernder Energiefluss, der innerhalb zulässiger Parameter an Intensität, Temperatur und Konzentration auf organisierte Systeme einwirkt, so schließen sich katalytische Zyklen zu Hyperzyklen zusammen. Die evolutive Systemtheorie bezeichnet diesen Vorgang als Konvergenz. Konvergenz führt nicht dazu, dass die Ähnlichkeit der Systeme zunimmt und letztlich Gleichförmigkeit entsteht (wie es bei einer Konvergenz von Ideologien und sozioökonomischen Systemen der Fall ist), denn die entstehenden Systeme vervollständigen sich in der Funktion und ergänzen einander. Durch den Prozess der evolutionären Konvergenz werden neue und höhere Systeme geschaffen, die selektiv verschiedene Einzelheiten der Dynamik der Subsysteme missachten und einen Zwang ausüben, der die Subsysteme dazu veranlasst, in kollektiver Weise zu arbeiten. Dieser Zustand, der nichts anderes als die Entstehung der Systeme selbst bedeutet, ist einfacher als die Summe der unkoordinierten Zustände der Subsysteme.

Konvergenz findet man auf allen Gebieten der Evolution. Das Entstehen von Systemen auf zunehmend höheren Ebenen mit einer anfänglich einfachen Struktur bildet die Grundlage der Evolution. Auf jeder Stufe nutzen Systeme des dritten Grades den freien Energiefluss ihrer Umgebung. In dem Maße, wie die Dichte der freien Energie in dem System ansteigt, gewinnt das System eine größere strukturelle Komplexität. Wenn der Prozess sich ins Unendliche fortsetzte, würde ein funktionales Optimum erreicht werden, über das hinaus eine weitere Zunahme der Komplexität nicht mehr zu einer dynamischen Effizienz beitragen würde. Jedoch Dank der Konvergenz von Systemen dritten Grades auf immer höheren Stufen der Organisation wiederholen einfacher strukturierte Supersysteme den Prozess, wodurch die freie Energiedichte in zunehmendem Maße von Strukturen mit wachsender Komplexität genutzt wird.

Zusammengefasst kann gesagt werden, dass die Prozesse der Evolution ursprünglich verhältnismäßig einfache, dynamische Systeme auf einem bestimmten Organisationsniveau erzeugen. Die Prozesse führen dann zu einer zunehmenden Komplexität der existierenden Systeme und schließlich zur Schaffung von einfacheren Systemen auf dem nächsthöheren Organisationsniveau, auf dem das Komplexerwerden von neuem beginnt. Auf diese Weise bewegt sich die Evolution vom Einfachen zum Komplexen und von einem niederen zu einem höheren Organisationsniveau.

Die empirische Evidenz für diesen Prozess ist unbezweifelbar. Verschiedene Atome bauen molekulare Aggregate auf; bestimmte Moleküle bilden Kristalle und organische Makromoleküle; die letzteren konvergieren in Zellen und subzellularen Bausteinen des Lebens; Einzeller konvergieren zu vielzelligen Arten; und die verschiedenen Spezies konvergieren in Ökologien. In dem Maße, wie höhere Organisationsniveaus erreicht werden, entwickeln sich auf jedem Niveau zunehmend immer komplexere Systeme. Auf dem Niveau der Atome bilden sich mit der Zeit Strukturen vom Wasserstoff bis zum Uran und darüber hinaus. Auf dem Niveau der Moleküle bilden sich nach chemisch einfachen Strukturen höchst komplexe Polymere; auf dem organischen Niveau entwickeln sich aus einzelligen Lebewesen vielzellige Formen, und auf dem noch höheren ökologischen Niveau bauen unreife Ökosysteme vollständige und perfekte Formen.

Bei allen Systemen treten Veränderungen auf und Evolution entfaltet sich, weil dynamische Systeme des dritten Zustandes nicht stabil sind. Sie haben Obergrenzen dynamischer Stabilität, die in einer sich ändernden Umgebung gelegentlich überschritten werden. Dann treten in dem System kritische Instabilitäten auf. Experimente zeigen, dass die dynamischen gleichgewichtsfernen Systeme plötzlich aus dem stationären Zustand herausspringen können, selbst wenn nur geringfügige Veränderungen in den kritischen Parametern eintreten. Diese Systeme reagieren äußerst empfindlich auf Veränderung in den Werten, die für das Funktionieren der katalytischen Zyklen erforderlich sind. Wenn sich diese Werte verändern, geraten die Systeme in eine Übergangsphase, deren Verlauf nicht vorherbestimmbar und für die eine plötzliche Zunahme der Entropieproduktion charakteristisch ist. Die Übergangsphase geht zu Ende, wenn die Systeme in Subsysteme zerfallen oder eine Gruppe von neuen, dynamisch stationären Zuständen finden. Wenn sie als komplexe, selbstständige Einheiten nicht ganz verschwinden, so entwickeln sich die Systeme zu einer neuen dynamischen Einheit. In diesem Zustand werden sie durch katalytische Zyklen und zahlreiche Rückkopplungen am Leben erhalten und ihre Entropieproduktion fällt auf ein funktionales Minimum.

Um die Dynamik der Evolution in den verschiedenen Bereichen der Natur zu verstehen, ist es außerordentlich wichtig zu erkennen, wie die dynamischen Systeme auf destabilisierende Veränderungen in ihrer Umgebung reagieren. Dynamische Systeme verändern sich im Laufe der Zeit nicht gleichmäßig, sondern sprunghaft. Systeme der realen Welt können sich durch eine Folge von Destabilisationen und Unbestimmtheitsphasen hindurch entwickeln, da sie über eine Vielzahl von stabilen Zuständen verfügen. Wenn ein stationärer Zustand zerstört wurde, so bleiben andere zugänglich. Je weiter das System vom thermodynamischen Gleichgewicht entfernt ist, umso empfindlicher reagiert seine Struktur auf Veränderungen und umso komplizierter sind die Rückkopplungen und katalytischen Zyklen, die es am Leben erhalten.

Gemäß der heutigen wissenschaftlichen Vorstellung ist die Auswahl aus dem zur Verfügung stehenden Satz dynamischer stationärer Zustände nicht vorherbestimmt. Sie hängt weder von den Anfangsbedingungen des Systems noch von der Einwirkung auf die kritischen Parameterwerte ab. An den kritischen Punkten, an denen sie auf kritische Weise destabilisiert werden, reagieren komplexe Systeme unvorherbestimmbar: Eine unter den zahlreichen möglichen internen Fluktuationen verstärkt sich und die verstärkte Fluktuation breitet sich mit großer Schnelligkeit über das ganze System aus. Die verstärkte Fluktuation beherrscht das dynamische Regime des neuen Systems und bestimmt seinen neuen stationären Zustand.

Theoretische Forschung

Die beobachtete Dynamik von komplexen Systemen erfordert die Entwicklung von neuen theoretischen Werkzeugen. Dies betrifft insbesondere die diskontinuierliche, nichtlineare Natur der Veränderung in dynamischen Systemen, für die die Differenzialrechnung, jene Mathematik, die gewöhnlich für Modellveränderungen benutzt wird, schlecht ausgerüstet ist. In ihrer üblichen Form setzen die Differenzialgleichungen voraus, dass die Veränderungen nur glatt und kontinuierlich verlaufen.

141

Der neue Zweig der klassischen Dynamik, die dynamische Systemtheorie, ist der Anforderung jedoch gewachsen. Theoretiker dynamischer Systeme haben mathematische Modelle des Verhaltens von komplexen Systemen entwickelt, und zwar nicht nur aus eigenem theoretischen Interesse an dem Modell, sondern auch für die mögliche Anwendung auf komplexe Systeme in der empirischen Welt. Die Modelle, die aus gewöhnlichen und partiellen Differenzialgleichungen des Evolutionstypus sowie Differenzengleichungen, die einzeln oder in Gruppen benutzt werden, bestehen, simulieren die dynamischen Aspekte des Verhaltens komplexer Systeme. Die Entwicklung der Simulationsmodelle ist nicht auf den ursprünglichen Anwendungsbereich beschränkt. Theoretiker dynamischer Systeme durchforschen alle möglichen Modelle im Rahmen der mathematischen Verfahren und suchen dann nach Varianten empirischer Systeme, für welche diese geeignet sein könnten. Während auf diese Art eine große Variationsbreite von Modellen und Simulationen von größerer oder geringerer Relevanz erzeugt wird, verspricht dieser hypothetisch-deduktive Ansatz unser Verständnis von nicht kontinuierlichen Veränderungen im Verhalten von komplexen Systemen deutlich zu erweitern.

In der Sprache der dynamischen Systemtheorie wird das Langzeitverhalten dynamischer Systeme durch statische, periodische und chaotische Attraktoren bestimmt. Ein statischer Attraktor fängt die Trajektorie der Zustände des Systems – ihre zeitliche Entwicklung – ein, so dass das System in einem stabilen Zustand zur Ruhe kommt. Ein periodischer Attraktor fängt die Trajektorie in einem Zyklus von Zuständen ein, der sich in einem gewissen Zeitintervall wiederholt. Das System befindet sich dann in einem oszillierenden Zustand. Der chaotische Attraktor seinerseits verursacht eine quasi regellos chaotische Serie von Zuständen, wobei das System weder in einen Ruhezustand noch in einen Oszillationszustand gerät, sondern sich weiterhin scheinbar regellos, aber trotzdem nicht ungeordnet verhält.

In den letzten Jahren hat man bei einer großen Zahl von Systemen chaotisches Verhalten beobachtet. (Daher werden die neuen Richtungen in der dynamischen Systemtheorie volkstümlich als „Chaos-Theorie" bezeichnet.) Ein solches Verhalten wird von so verschiedenartigen Prozessen an den Tag gelegt, wie das Fließen von Flüssigkeiten und das Mischen von Substanzen, wenn sie den festen Aggregatzustand erreichen. Auch das Phänomen der Turbulenz gehört in diesen

142

Bereich. Es ist schon seit dem 19. Jahrhundert bekannt, aber seine Ursachen sind nur unvollkommen verstanden worden. Um 1923 haben Experimente in der Strömungsphysik das Erscheinen von ringförmigen Taylor-Strudeln gezeigt. Diese bilden sich dann, wenn die Geschwindigkeit des Umrührens einer Flüssigkeit über den kritischen Punkt hinaus gesteigert wird. Ein weiteres Verstärken des Umrührens erzeugt zusätzliche plötzliche Veränderungen und schließlich Turbulenzen. Turbulenz ist ein Kennzeichen für den chaotischen Zustand.

Das Verhalten von komplexen Systemen in der empirischen Welt wird normalerweise durch viele verschiedene Attraktoren gleichzeitig beeinflusst; die dynamische Systemtheorie beschreibt solche Systeme durch entsprechend komplexe Modelle. In diesem Modell werden größere und plötzliche Veränderungen im Systemverhalten als Bifurkationen bezeichnet. Diese erscheinen im Phasenraumschnitt des Systems und haben als Ursache die Veränderungen in kritischen „Kontrollparametern". Bifurkationen erscheinen im Modell als ein Wechsel von der einen Sorte von Attraktoren zur anderen, zum Beispiel von einem statischen zu einem periodischen Attraktor. Ein bis dahin stabiles System beginnt zu oszillieren oder beim Übergang vom periodischen zum chaotischen Attraktor verfällt ein bisher oszillierendes System in ein Chaos. Diese sogenannten „feinen" Bifurkationen sind nur eine Spielart von grundlegenden Systemveränderungen. Die andere wird als „katastrophische" Bifurkation bezeichnet. Katastrophische Bifurkationen (was keineswegs eine Katastrophe im täglichen Sprachgebrauch bedeutet) bestehen aus dem plötzlichen Auftauchen oder Verschwinden von statischen, periodischen oder chaotischen Attraktoren „wie aus heiterem Himmel".

Wie wir sehen, haben Bifurkationen, wie sie von dynamischen Theoretikern dargestellt werden, entscheidende Bedeutung für Systeme der realen Welt. Feine Bifurkationen bedeuten eine zunehmende Instabilität von Systemen, die weit vom thermodynamischen Gleichgewicht entfernt sind. Ein System, etwa eine Serie von chemischen Reaktionen in einem stabilen Gleichgewicht, beginnt zu oszillieren oder ein oszillierendes System, wie zum Beispiel eine chemische Uhr, gerät in Turbulenz. Dynamische Systemtheoretiker haben in ihren mathematischen Modellen eine ganze Reihe von solchen Szenarios durchgespielt, die vom stabilen Gleichgewicht zum Chaos führen. Modelle mit katastrophischen Bifurkationen, die aus der Turbulenz zu neuen, geordneten Systemen führen, wobei sie eine neue Konfiguration der Attraktoren herstellen, simulieren Evolutionsprozesse in Systemen des dritten Zustandes. Katastrophische Bifurkationen sind jene Art von Veränderungen, die der Evolution aller Spielarten von Nichtgleichgewichtssystemen zugrunde liegen, von den Atomen der Elemente über natürliche und menschliche Ökologien und Gesellschaften.

Zusammenfassung

Die Entwicklungsrichtung der heutigen empirischen und theoretischen Erforschung der Evolution von komplexen Systemen soll im folgenden kurz zusammengefasst werden. Die grundlegenden Elemente der Theorie bilden gleichgewichtsferne Systeme, die durch katalytische Zyklen mittels anhaltendem Energiefluss aufrechtgehalten werden; der Wechsel von geregelter Ordnung in Perioden der Stabilität mit Zuständen von kreativem Chaos während der Bifurkationen; und die beobachtete statistische Tendenz von zunehmender Komplexität auf einem höheren Organisationsniveau.

Autokatalytische und kreuzkatalytische Rückkopplungsschleifen herrschen in offenen dynamischen Systemen vor, die sich weit vom Gleichgewicht entfernt haben, weil in ihnen eine schnelle Reaktionsrate und eine größere Stabilität erreicht ist. Da jedoch kein selbststabilisierender Reaktionszyklus völlig vor einer Unterbrechung geschützt ist, verursachen dauernde Wechsel in der Umgebung früher oder später Bedingungen, unter denen gewisse selbststabilisierende Zyklen nicht länger funktionieren. Die Systeme gelangen an einen Punkt, der in der dynamischen Systemtheorie als katastrophische Bifurkation bezeichnet wird. In Systemen der dritten Ordnung ist das Ergebnis, wie es durch das Experiment und auch durch die Theorie gezeigt wurde, im Wesentlichen unvorherbestimmbar. Es hängt weder von den Anfangsbedingungen ab noch von einem Wechsel in den Kontrollparametern. Es besteht eine gewisse Wahrscheinlichkeit, dass Bifurkationen zunehmend komplexere Systeme erzeugen, die sich immer weiter vom thermodynamischen Gleichgewicht entfernen. Im Zustand ihrer Entwicklung nutzen die Systeme über eine längere Zeit eine größere Energieflussdichte und sie vermindern ihre spezifische Entropie. Ohne diese Wahrscheinlichkeit würde die Evolution einen zufälligen Wechsel zwischen mehr oder weniger organisierten Zuständen erzeugen, statt einen statistisch irreversiblen Aufbau von zunehmend komplexeren und dynamischen Systemen im Nichtgleichgewicht.

Zunehmend höhere Organisationsniveaus werden erreicht, wenn katalytische Zyklen eines Niveaus sich zusammenschließen und Hyperzyklen bilden. Das ergibt ein neues System auf einem höheren Niveau. So entstehen Moleküle aus Kombinationen chemisch aktiver Atome, Protozellen entwickeln sich aus Folgen von komplexen Molekülen, eukaryotische Zellen entstehen aus prokaryotischen, Metazoen tauchen zwischen Protozoen auf und schließen sich zu noch höheren ökologischen und sozialen Systemen zusammen.

Diese Faktoren und Prozesse gelten für alle Gebiete der Natur: von den kleinsten Atompartikeln in den Weiten des Universums bis zu den komplexesten Niveaus, die wir kennen, den Organismen, die innerhalb der Biosphäre unserer Erde die Ökologien und Gesellschaften bilden.

Anhang 2

Ein Gespräch über Evolution und Sinn des Lebens

Joe Schaeffer: Auf welcher Stufe der Evolution befindet sich heute das menschliche Denken?

Ervin Laszlo: Das ist eine entscheidende Frage. Die Antwort lässt sich in einem Wort zusammenfassen: Verantwortung. Wenn ein System ein hohes Maß an Geistigkeit erreicht hat, eine Stufe, wie sie dem menschlichen Bewusstsein entspricht, das nicht nur die Fähigkeit gewonnen hat wahrzunehmen, sondern auch die Wahrnehmung wahrzunehmen, d. h. unser Bewusstsein weiß, dass es weiß, dann ist dieses System für seine Handlungen verantwortlich.

So klein unsere Erde auch ist, so ist sie doch insofern bemerkenswert, als sie Lebewesen enthält, die diese geistige Fähigkeit haben. Es kann sein, dass es nicht viele Planeten dieser Art gibt, wir wissen es nicht genau. Aber weil die Menschen diese Fähigkeit besitzen, müssen sie verantwortungsbewusst nachdenken, ehe sie handeln, und sie sind für die Ergebnisse ihrer Handlungen verantwortlich, insoweit solche Ergebnisse vorhersehbar sind.

Schaeffer: Entspricht das Kants Argumentation, dass die Geschichte die Fähigkeit zur Moral erzeugt?

Laszlo: Ja, aber es bewegt sich nicht in den gleichen Gedankenbahnen. Moral ist nicht a priori gegeben. Wir formulieren absolute moralische Prinzipien und beurteilen dann eine einzelne Handlung in dem jeweiligen Zusammenhang auf der Grundlage dieser Prinzipien. Es gibt eine Logik oder eine Vernunft in der Evolution, aber sie ist nicht vorgegeben. In der Evolution entfaltet sich ein gewisses Muster und wir sind Teil dieses Musters. Wenn wir in einer Weise handeln, dass wir dieses Muster umkehren (was wir dann tun würden, wenn wir unsere Umwelt missbrauchten), dann könnten wir uns selbst der Möglichkeit des Überlebens berauben.

Ich habe oft darüber nachgedacht, ob Lebewesen an dem Punkt in der Evolution, an dem wir heute angekommen sind, weiterleben können.

147

Wir erzeugen und benutzen ein hohes Maß an Energie. Die Situation ist sehr gefährlich, weil unsere Zerstörungsfähigkeit sehr groß ist. Wir müssen jetzt unsere Fähigkeit der Voraussicht benutzen und Verantwortung uns selbst, unserer Art und unserer Umwelt gegenüber erkennen.

Schaeffer: Welches ist die Grundlage für verantwortungsbewusstes Handeln?

Laszlo: Ich würde sagen es ist ein aufgeklärter Utilitarismus. Die Ergebnisse unseres Handelns sollten in Bezug auf den natürlichen Prozess vorteilhaft sein. Die Taoisten sagen, die rechte Art ist die Art der Natur. Unter Natur verstehe ich nicht nur die Natur außerhalb des Menschen. Die menschliche Natur ist vielmehr eine Besonderheit, eine spezielle Variante in einem offenen, sich entwickelnden System. Wir müssen unsere Handlungen diesem System anpassen. Wir müssen der allgemeinen Richtung des Prozesses folgen und zu ihm gehören physikalische, biologische und soziale Prozesse, die in der Zeit ablaufen. Wir müssen mit der Natur im allumfassenden Sinne in Einklang leben, dann können wir unsere Rolle ausfüllen und damit auch den Sinn unseres eigenen Daseins erfüllen.

Schaeffer: Können wir jemals bewusst das Muster dieses Prozesses, von dem Sie sprechen, klar erkennen?

Laszlo: Kenntnis ist immer unvollkommen. Sie entwickelt sich immer weiter, indem sie falsifiziert wird. In gewisser Weise passt sich die Kenntnis immer mehr der Realität an, dem Muster, welches sich dort irgendwo unerkennbar befindet.

Wir sind zu „unbefleckter Erkenntnis" nicht fähig. Wir sehen die Welt nur gemäß den Theorien, die wir im Kopf haben. In unserem täglichen Leben werden diese Theorien daraufhin überprüft, ob sie in Bezug auf unsere Erfahrungen einen Sinn ergeben. Wenn sie sinnvoll sind, befähigen sie uns zum Handeln. Indem wir handeln, um einen gewissen Zwecke zu erreichen, entwickeln wir Erkenntnisse in Gestalt einer brauchbaren Landkarte unserer Umgebung. Die Landkarten, die mit der Wirklichkeit übereinstimmen, werden allgemein bekannt und anerkannt und, es sei denn wir sind völlig dogmatisch, die weniger zutreffenden Landkarten kommen nach und nach aus dem Gebrauch und werden aufgegeben. Es ist wichtig, dass wir flexibel bleiben. Wir müssen unsere Erkenntnisse sorgfältig überprüfen, sie nicht zu schnell aufgeben, aber auch nicht hartnäckig an ihnen festhalten, wenn sie sich als unzutreffend erweisen.

148

Schaeffer: Kinder kommen in diese Welt und sind genetisch darauf vorbereitet, nützliche, passende und geeignete Landkarten zu entwickeln. Dann lernen sie von ihrer Umgebung, oft von ihren Eltern, den Gebrauch ungeeigneter Landkarten, die nicht zu effektivem und richtigem Handeln führen. Wenn sie das Reifealter erreichen, müssten sie eigentlich zu ihrer ursprünglichen Offenheit zurückkehren und neue Landkarten entwickeln, die zutreffend sind.

Laszlo: Es besteht immer die Gefahr, dass die unmittelbare Führung, die man durch die Eltern oder die nähere Umgebung bekommt, ineffektiv oder falsch ist und dass man sie berichtigen muss. Aber ich denke auch, dass es einige grundsätzliche Landkarten gibt, die sich über viele Generationen und vorangegangene Kulturen entwickelt haben und die gewissermaßen in ein kollektives Gedächtnis eingegangen sind. Das Kind kann mit diesem Gedächtnis einfach dadurch Verbindung aufnehmen, dass es ein menschliches Wesen ist.

Schaeffer: Verringern diese archetypischen Landkarten die Gefahr des Dogmatismus? Sind sie offen und gewähren sie die Möglichkeit zur Kreativität? Oder verewigen sie nur die Fehler aus der Vergangenheit?

Laszlo: Ich glaube, dass es sehr auf die Stufe unserer kulturellen Entwicklung oder auf die Entwicklung des menschlichen Bewusstseins ankommt. Es scheint, dass es eine echte Parallele zwischen der Entwicklung des Bewusstseins einer Spezies im Laufe ihrer kulturellen Evolution und der Evolution des einzelnen von der Geburt bis ins Reifealter gibt. Wie wir aus den Arbeiten von Jean Piaget wissen, existiert im Kinde ebenso wie in den frühesten Phasen der kulturellen Evolution so etwas wie eine undifferenzierte Ganzheit. Das Ich sieht sich noch nicht als von der Welt getrennt, die Welt ist so etwas wie eine Ausweitung des Ich. Das Ich ist ein Teil einer vagen, ozean-ähnlichen Einheit.

Auf der nächsten Stufe der Entwicklung trennt sich das Ich von der Welt. Der einzelne sagt: Ich lebe hier, ich bin mir meiner Sterblichkeit bewusst, aber ich lebe; es gibt Dinge um mich herum, sie sind außerhalb meiner selbst, es gibt „andere". So ist das bei jedem Kind, aber so ist es auch bei der Entwicklung einer Kultur. Wenn diese Art des Bewusstseins systematisiert wird, ergibt es eine Art fragmentarische, materialistische und an Disziplinen gebundene Erkenntnis und genau das haben wir in der neuesten Phase der modernen Wissenschaft in den letzten zweihundert Jahren entwickelt. Alles wird als etwas Materielles gesehen, das sich durch Raum und Zeit bewegt.

In der dritten und letzten Phase bewegen wir uns jetzt auf eine neue Erkenntnis der Einheit auf einer höheren Stufe zu. Wir sind uns dessen bewusst, dass das Ich Teil der Welt ist, die trotz ihrer Vielfalt eine grundlegende Einheit darstellt. In einem gewissen Sinne bildet die Welt ein Ganzes. Zuerst sahen wir nur eine vage Landschaft. Dann fingen wir an, die Bäume zu sehen und jetzt sehen wir den Wald mit den Bäumen. Wir sehen das Ganze und die Teile gleichzeitig.

Schaeffer: Hat das Auswirkungen auf die soziale Ordnung, in der wir heute leben?

Laszlo: Diese Denkweise hängt eng damit zusammen, dass unsere Stufen der gegenseitigen Abhängigkeit und der Interaktion uns zu der Erkenntnis zwingen, dass die verschiedenen Gesellschaften dieser Welt nicht getrennt gesehen werden können. Es ist nicht zufällig, dass dieser Paradigmenwechsel gerade jetzt auf unseren Landkarten der Erkenntnis stattfindet. Die Welt um uns herum schließt sich zusammen. Das Netzwerk der Kommunikation, das sich so unheimlich schnell um uns herum entfaltet, verknüpft uns viel enger mit anderen Kulturen. Um uns herum wird die Interaktion und die gegenseitige Abhängigkeit größer. Wenn wir erst einmal unsere Denkweise vorantreiben, wenn wir uns auf den Weg nach vorne machen und über diesen Paradigmenwechsel hinausgehen, können wir damit anfangen, alternative soziale, wirtschaftliche und politische Systeme aufzubauen.

Schaeffer: Was wird diese neuen Systeme kennzeichnen, insbesondere im Hinblick auf das Leben des einzelnen?

Laszlo: Das Maß an Freiheit für den einzelnen ist stark davon abhängig, ob die Gesellschaft stabil oder instabil ist. Anders als man es allgemein annimmt, ist Freiheit nur in einem instabilen Zustand möglich, nicht in einem stabilen. In einem stabilen Zustand ist die Freiheit eingeschränkt, weil es eine ganze Reihe fester Gesetze, Regeln und Verordnungen gibt, die das Verhalten des Einzelmenschen einengen. Die persönliche Ausdrucksweise und die persönliche Entwicklung ist wohl möglich, aber die Wirkungsmöglichkeiten des einzelnen sind beschränkt.

Wenn die Situation jedoch instabil ist, wenn Bifurkationen bevorstehen, dann genügt ein geringer Input, um sehr große Wirkungen zu erzielen. Einzelne wie zum Beispiel Lenin oder Hitler, die gewisse Ideen mitbrachten, können in einem System gerade in jenem Augenblick auftreten, wenn dieses außerordentlich empfindlich ist, und können daher eine ungeheure Wirkung erzeugen, zum Guten wie zum Schlechten.

Schaeffer: Könnte es daher das Ziel sein, dass man eine gewisse Instabilität im System beibehält, so dass größere Möglichkeiten für Kreativität erhalten bleiben?

Laszlo: Instabilität bringt natürlich auch ein Risiko mit sich. Phasen der Instabilität sind von Natur aus indeterminiert. Sie sind das Ergebnis von Fluktuationen innerhalb des Systems. Mit diesen Fluktuationen muss so gewissenhaft umgegangen werden und sie müssen so geplant werden, dass die Instabilität sich zu einem verhältnismäßig sicheren Prozess fortentwickelt. Wenn wir uns auf den Weg einer dauernden Instabilität begeben, meine ich, dass wir damit ein unvernünftiges Risiko eingehen.

Schaeffer: Wenn wir nun von den von Ihnen genannten Prozessen ausgehen, wie mag da die zukünftige Weltordnung aussehen?

Laszlo: Es ist sehr schwer, das im einzelnen darzulegen. Es müsste mehr Konvergenzen geben. Damit meine ich, dass eine Reihe von Systemen auf einem niedrigen Niveau Systeme eine höheren Niveaus bilden müssten. Zur Zeit haben wir grob gerechnet etwa 180 Nationalstaaten, und jeder von ihnen hält sich für einen unabhängigen, souveränen Staat. Folglich kann es keine zuverlässige Regelung auf Weltniveau geben. Wir müssen höhere, zusammenfassende Niveaus entwickeln, und dann alle Ebenen integrieren. Ich kann mir eine ideale Situation vorstellen, in der jede Ebene alle anderen durchdringt und verbindet, vom Dorf bis zur Welteinheit. Tausende von kleineren Einheiten, von denen jede ihre Identität bewahrt, könnten funktional und dynamisch miteinander in Beziehung treten und Einheiten auf höherem Niveau bilden und zwar soziale, wirtschaftliche und politische, in denen die Stimme jeder kleinen Gruppe gehört wird und ihre Auswirkungen hätte. Unterregionen könnten auf regionaler Ebene zusammengeschlossen werden, Regionen auf überregionaler Ebene und diese wieder auf der Weltebene. Die jeweils höhere Ebene hätte nur die Aufgabe, die Interaktionen auf den niederen Ebenen zu kontrollieren, und auf der Weltebene würde es nur darum gehen, das Funktionieren der unteren Ebenen zu koordinieren.

Schaeffer: Es scheint, dass Sie hier die Idee des „small is beautiful" mit der Idee einer holistischen Weltordnung verbinden wollen.

Laszlo: Ja, die Idee des „small is beautiful" mag aber nur für kurze Zeit schön sein. Damit die Kleinheit auch schön bleibt, muss eine Koordination auf höherer Ebene stattfinden. Gewisse Entscheidungen und gewisse Prozesse können am besten auf dem jeweils entsprechenden Niveau ablaufen. Es wäre kontraproduktiv, wenn man zum Beispiel versuchen wollte, die Verkehrsordnung für Lastwagenfahrer auf Weltniveau zu regeln oder eine Art von gemeinsamer Moral oder Ideologie auf der globalen Ebene einzuführen. Diese Dinge müssen auf unterster Ebene belassen bleiben. Aber gewisse Regeln wie zum Beispiel zur gemeinsamen Sicherheit aller Staaten können am besten auf Weltniveau erwogen und eingeführt werden.

Schaeffer: Wie können wir ein solches Rahmenwerk im Sinne eines Grundgesetzes der Vereinten Nationen für die universellen Rechte aller Menschen etablieren?

Laszlo: Es wäre gut, wenn wir uns auf ein Grundkonzept der Menschenrechte einigen könnten. Aber ich glaube nicht, dass das jetzt möglich ist. Wir können uns ja nicht einmal in praktischen und wirtschaftlichen Dingen einigen. Wie sollen wir uns da über die Moral bei besonderen Handlungen einigen, die die Menschenrechte in allen Kulturen und in allen Gesellschaften betreffen?

Es scheint jedoch entscheidend, dass wir von Handlungen ablassen, die ein ungewöhnlich hohes Risiko der Pervertierung evolutionärer Prozesse in sich bergen. Wir müssen uns wenigstens auf jene Maßnahmen einigen, die die natürliche Umwelt betreffen und notwendig sind, damit das dynamische System, von dem wir ein Teil sind, erhalten bleibt. Wir könnten das eher tun, wenn wir das System selbst verstehen würden. Wir wissen zum Beispiel, dass in einem nicht-determinierten System die Einzelteile frei sein müssen, um gewisse Potenziale zu maximieren. Weiter wissen wir, dass Systeme und Untersysteme sich als Partner der gemeinsamen Evolution entwickeln. Wenn ein System einen Pfad einschlägt, der einen der anderen Partner leiden lässt, dann muss dieses System einen Preis dafür bezahlen.

Schaeffer: Können Prinzipien der Evolutionssysteme zu einer Grundlage für moralisches Handeln werden?

Laszlo: Wir sollten das Muster und die Prozesse der Evolution kennen, um verantwortungsbewusst zu leben. Die Theorien und Strukturen der Evolution können in Symbolen der verschiedensten Art sichtbar werden. In Wirklichkeit teilen wir einander die Realität der Evolution durch diese Symbole mit. Je mehr Zugang wir zu ihnen haben und je mehr wir sie uns zu Eigen machen, umso größer ist die Chance, dass wir ein Leben führen, das den vorgegebenen Mustern und Prozessen entspricht und ihnen nicht entgegenarbeitet.

Schaeffer: Wie mir scheint, geht es hier um Fragen der Erkenntnistheorie. Wie können wir die Wirklichkeit am besten erkennen?

Laszlo: Wir sind in unserem eigenen Geist gefangen. Es gibt keinen Ausweg. Schließlich und endlich erlangen wir Kenntnisse nur durch unsere eigenen Erfahrungen. Wir können sie systematisieren, wir können sie in einen Zusammenhang bringen, aber es gibt keine Garantie, dass sie nicht trotzdem auf einer Illusion beruhen. Wer konsequent auf diesem Wege des Solipsismus*) argumentiert, kann nicht widerlegt werden.

Es ist am besten, wenn wir die Argumente des Solipsismus ignorieren. Wir müssen uns so verhalten, als ob wir eine gesicherte Kenntnis davon haben, dass es eine Welt gibt, die man erkennen kann, dass unsere Sinneswahrnehmungen tatsächlich ein Abbild der vier- oder mehrdimensionalen Welt außerhalb von uns darstellen. Jede Welt kann nämlich auf unser Körper-Geist-System Auswirkungen haben. Wenn wir von diesen Voraussetzungen ausgehen, können wir versuchen, hinter unseren Erfahrungen einen Sinn zu erkennen. Wir können dann nämlich versuchen herauszufinden, was für eine Realität es ist, die uns diese Erfahrungen machen lässt.

Aber wir müssen diesen schöpferischen Sprung vollführen. Wenn wir das einmal getan haben, stellt sich die Frage: in welcher Weise können wir unsere Erfahrungen systematisch ordnen? Für mich geschieht das am systematischsten durch die evolutionäre Systemtheorie. Ich suche nach dem übergreifenden Zusammenhang aller Erfahrungen. Das kommt wahrscheinlich daher, weil ich mich mit Musik beschäftige. Ich suche nach einer Harmonie. Was für mich den meisten Sinn ergibt, was für mich der Wirklichkeit am nächsten kommt,

---

*) Solipsismus: erkenntnistheoretischer Standpunkt, der nur das eigene Ich mit seinen Bewusstseinsinhalten als das einzig Wirkliche gelten lässt und alle anderen Ichs mit der ganzen Außenwelt nur als seine Vorstellung annimmt.

ist ein zusammenhängendes, harmonisches Ganzes. Das bringt mit natürlich in Widerspruch zu den meisten Spezialisten und zu der Mehrheit des heutigen wissenschaftlichen Establishments.

Schaeffer: Welche Rolle spielen die Musik und die Kunst im menschlichen Leben?

Laszlo: Die Musik und die Kunst geben den Erfahrungsmustern Zusammenhang und Bedeutung. Sie helfen uns, die hinter der Erfahrung liegende Bedeutung zu erkennen. Sie schaffen einen Geist, der seine eigene innere Bedeutung hat. Daher sind sie sehr angenehm und erfreulich. Sie erleichtern uns eine Sinnerkenntnis. Normalerweise müssen wir darum kämpfen. In der Musik und in der Kunst wird sie uns geschenkt. Alles findet ästhetisch seinen Platz. Musik ist eine Art Ordnung in der Klangstruktur, ein schönes System, das Licht auf eine große Komplexität wirft, ohne Sprache und ohne Nachdenken. In gewisser Weise erreichen die Kunst und die Musik das, was wir in der Wissenschaft und in der Religion nur mühsam anstreben können. Was mich an der Musik so befriedigt, ist die offensichtliche Perfektion der Bedeutung, der Struktur, des Sinnes, die alles an seinen Platz stellt.

Schaeffer: Können Sie diese Gedanken mit der Natur der Wissenschaft und ihrer Rolle im menschlichen Leben in Verbindung bringen?

Laszlo: Ursprünglich versuchte man mit der Wissenschaft die Wirklichkeit zu erkennen, die objektiven Muster und Prozesse in einer Welt, die jenseits der unmittelbaren Erfahrung des Menschen lag. Ihr Ziel war es, Zusammenhänge und Erkenntnisse zu vermitteln unter Berücksichtigung der Wahrnehmungsgrenzen, die im Menschen selbst liegen, und der durch die wissenschaftlichen Methoden gegebenen Begrenzungen. Es existieren jedoch auch andere Wege, um die menschlichen Erfahrungen in einen Zusammenhang zu bringen, zum Beispiel die Philosophie oder, wenn man sich noch weiter von der Wissenschaft entfernt, die Theologie und die Mystik.

Aber ich möchte es noch deutlicher sagen. Wir müssen mit dem gesunden Menschenverstand anfangen. Wir müssen, wie schon früher erwähnt, eine Karte der Wirklichkeit anlegen, auf der Gegenstände und Menschen, Bäume und Steine sind. Wenn das nun einen Sinn ergeben soll, muss man ein allgemeines Verständnis der *Beziehungen* zwischen den Objekten haben. Wir nehmen zum Beispiel an, dass kausale Zusammenhänge zwischen den Objekten vorhanden sind. Ist

154

man dann an den besonderen Gründen interessiert, warum sich die Dinge gerade so ereignen, beginnt man mit Experimenten. Diese Experimente können dazu führen, dass man Regelmäßigkeiten in den Beziehungen der Dinge erkennt. Theorien können entwickelt werden, um in diese Regelmäßigkeiten einen gewissen Sinn zu geben. Diese Theorien können dazu benutzt werden, nicht nur die Regelmäßigkeiten zu erklären, sondern sie auch vorherzusagen. Das Vorhersagen wird zu einem grundlegenden Verfahren beim Überprüfen oder Falsifizieren einer Theorie.

Das theoretische Verfahren hat sich im Großen und Ganzen innerhalb der Grenzen der jeweiligen Disziplinen bewegt. Es gibt Versuche zur Integration innerhalb der Physik mit Hilfe der allgemeinen Relativitätstheorie, den einheitlichen Feldtheorien und den großen Vereinheitlichungstheorien usw. Es gibt Tendenzen zur Vereinheitlichung innerhalb der Wissenschaften, die mit dem Leben zu tun haben. Dabei geht es um die Theorien der Makroevolution, der neo-darwinistischen Synthesen usw. Aber wir müssen natürlich die Möglichkeit überprüfen, diese schon integrierten Theorien in einen *allumfassenden* Rahmen zu stellen, der ihren wechselseitigen Zusammenhang und ihre Beziehung untereinander klärt. Früher war das die Aufgabe der Philosophen. Aber heute wird das mit den neuen Wissenschaften der Evolution und Komplexität möglich.

Weitere Anforderungen verlangen religiöse und geistige Überlegungen. Es erwies sich nämlich als nötig, einen Zusammenhang zwischen den materiellen Aspekten unserer Existenz und den geistig-intuitiven, fast mystischen Aspekten herauszufinden und sie in einer neuen Einheit zusammenzuführen. Große Wissenschaftler haben immer schon auf die Bedeutung der Intuition hingewiesen und es gleichzeitig bedauert, dass die Wissenschaft so wenig dazu sagen kann. Bisher war ein Graben zwischen den geistigen und materiellen Erklärungen des Universums. Doch nun ist es wichtig zu entdecken, ob ein zusammenhängendes und logisches Rahmenwerk gebildet werden kann, in dem die verschiedenen Gegensätze und Theorien, die in den Natur- und Gesellschaftswissenschaften für ein materiell-soziales Universum aufgestellt wurden, mit den geistigen Aspekten unserer Existenz in Einklang gebracht werden können.

Schließlich werden wir uns zu einem zusammenhängenden Verständnis unseres gesamten Erfahrungsstroms vorarbeiten. Wir werden das nicht in allen Einzelheiten tun, aber wir können vielleicht das allgemeine Erfahrungsmuster mit einer einzigen überzeugenden Theorie erklären. Wenn ich sage, einer einzigen, meine ich nicht, dass sie endgültig ist. Jede Theorie ist Veränderungen unterworfen. Aber zu jeder Zeit können wir nach der denkbar einfachsten Erklärung oder nach dem überzeugendsten Konzept suchen, das den vor uns liegenden Fall beschreibt.

Ich bin der Ansicht, dass jede Art von Erfahrung als Beweis dienen kann, der bei unseren Theorien berücksichtigt werden müsste. Alles, was wir erfahren, verlangt nach einer Erklärung. Ich beobachte zum Beispiel Vielfältigkeit in der Wirklichkeit. Die Griechen nannten das „die vielfältige Natur der Realität". Gleichzeitig frage ich mich ständig, ob es nicht möglich wäre, ein Muster in der Vielfalt zu entdecken, das die Griechen das *Eine* nannten. Unter dem *Einen* verstehe ich nicht eine einzelne Substanz oder eine einzelne privilegierte Einheit wie eine Zelle oder ein Atom. Ich meine vielmehr einen Architektenentwurf, einen Plan, der in verschiedenen Transformationen wiederholt wird, ein Muster, das etwas über die wahre Natur des Universums, in dem wir leben, aussagt.

Schaeffer: Ihre früheren Bemerkungen über den Solipsismus legen es nahe, dass Sie Muster als eine Konstruktion ansehen, die auf den Erfahrungen jedes Individuums begründet ist.

Laszlo: Ja. Ein Muster ist etwas, das wir konstruieren. Aber wir bleiben dort nicht stehen. Wir überprüfen das Muster, ob es optimal in unsere vorläufige Landkarte hineinpasst, wie ich es früher sagte.

Die Suche nach dem Sinn ist ein Grundanliegen des Menschengeistes. Es ist in unserem Wahrnehmungsapparat angelegt. In Wirklichkeit nehmen wir chaotische, kaleidoskopartige Bilder mit den Organen des Sehens, des Hörens, des Schmeckens und des Fühlens auf und bemühen uns ständig, sie zu sinnvollen Erfahrungen zu integrieren. Die Welt des gesunden Menschenverstandes ist eine solche des Sinnes, der Bedeutung. Die wissenschaftliche Welt ist eine zweite Ebene, die mystische Welt ist noch eine andere Ebene. Wenn wir diese alle zusammenfügen, werden wir der höchsten Ebene nahe kommen. Jene höchste Ebene mag uns heute noch nicht zugänglich sein, aber wir sollten die Suche nach ihr nicht aufgeben.

Schaeffer: Welche Bedeutung hat die geistige Dimension in Ihrem eigenen Leben heute?

Laszlo: Dort bin ich noch nicht. Ich habe aber ein Gefühl, eine Hoffnung, dass ich in diese Richtung gehe. Jeder hat eine starke Beziehung zu seiner jeweiligen Lebensphase oder, wie die Buddhisten sagen würden, zu seinem Alter. Es gibt verschiedene Tätigkeiten und unterschiedliches Engagement, wie die Franzosen es nennen.

Man sollte sich auf den Weg machen und so weit als möglich gehen, um in einer späteren Phase eine möglichst noch tiefere innere Schau zu erlangen. Sicher kann man dies noch besser, wenn man von den Erfordernissen des Berufes befreit ist, von den Erfordernissen zum Erwerb eines Lebensunterhalts, von den Einengungen einer Sozialordnung. Daher sollte man in die Wälder gehen, um die geistige Dimension zu erobern. Ich hoffe, in mir die Voraussetzungen dafür zu schaffen, in dieser Art zu leben, sobald ich so weit bin.

Schaeffer: Wird diese Reise in die Wälder eine Forschungsreise sein... oder werden Sie die Dinge auf sich zukommen lassen?

Laszlo: Es wird ein Versuch sein, mir selbst zu genügen. Ich bin nicht ganz sicher, ob ich nur ein Leben habe. Vielleicht ist das, was wir den Geist nennen, ein Teil eines viel weiteren, kollektiven Bewusstseins oder gar der Quelle des Bewusstseins. Nehmen wir jedoch einmal an, dass wir nur ein Leben haben, so müssen wir sicher sein können, dass wir es gelebt haben, ohne eines der wichtigen Dinge versäumt zu haben. Der Geist ist des Denkens und des Verstehens fähig. Wir würden etwas Wichtiges versäumen, wenn wir nicht den Versuch machten, so viel wie nur irgendwie denkbar von den menschenmöglichen Erfahrungen zu verstehen, unabhängig davon, was das erfordert, und unabhängig davon, welche begriffliche Struktur dafür notwendig ist.

Schaeffer: Wie geht das Denken bei Ihnen vor sich?

Laszlo: Ich glaube nicht, dass es sich um einen systematischen Prozess handelt. Wenn ich auf die Idee käme und mir sagte: So, jetzt durchdenke diese Sache einmal, so würde ich wahrscheinlich dasitzen und in die Gegend starren. Es würde nichts geschehen. Einsichten erreichen mich dann, wenn ich nicht bewusst über etwas nachdenke. Ich habe die besten Denkergebnisse, wenn ich Klavier spiele, wenn ich mich ganz der Musik hingebe. Zuweilen bin ich mitten in einem Stück und habe plötzlich eine nützliche Einsicht. Auch spät abends, ehe ich schlafen gehe, kommen solche Einsichten oder morgens beim Aufwachen. Manchmal kommen mir Gedanken, wenn ich mich mit anderen über Dinge unterhalte, die mit dem Thema gar nichts zu tun haben.

Aber es passiert nichts, wenn ich mich nicht ernsthaft mit dem Problem auseinandersetze. Eine Sache muss mich beschäftigen, damit ich klar denken kann. Erkenntnis entsteht dadurch, dass es im System eine Störung gibt. Damit meine ich nicht, dass man sich dauernd mit einem Problem intellektueller Natur herumquälen muss, aber man muss die Tatsache akzeptieren, dass es Probleme gibt und dass man sie nicht ausschalten kann.

Grundlegende Probleme haben natürlich nie endgültige Lösungen. Meistens kann man nur eine Lösung finden, die man vorübergehend akzeptiert, oder noch besser ist es, wenn man das Gefühl hat, in Bezug auf frühere Gedanken einen Fortschritt gemacht zu haben. Es gibt Zeiten, wo man das Gefühl hat, etwas Neues entdeckt zu haben, einen Kerngedanken, das Samenkorn einer Idee. Dann muss man sich hinsetzen und an dieser Idee arbeiten. Oft verändert sich das Samenkorn, manchmal kommt es zur Blüte, manchmal wird es durch eine andere Saat ersetzt, aber es ist in jedem Falle etwas, woran man arbeiten muss, eine Grundlage, auf der man weiterbauen kann.

Das Bauen ist ein vernünftiger und logischer Prozess. Man folgt dabei keinen Regeln, aber man setzt doch Dinge in einen klar gegliederten, verständlichen Zusammenhang. Man erkennt, wie das Material zu den Argumenten passt, die man entwickelt hat, und findet Punkte der Bestätigung wie auch solche des Widerspruchs. Man gewinnt neue Einsichten. Es geschehen unerwartete Dinge und dann überlegt man, was damit zu tun ist.

Für mich gibt es keine individuellen Einsichten in einem Vakuum. Die Dinge sind sinnvoll, weil sie in einem klar gegliederten Zusammenhang stehen. Selten zögere ich, eine einzelne Idee über Bord zu werfen oder durch eine neue zu ersetzen, wenn sie nicht in einen größeren Gedankenrahmen passt, selbst wenn sie zu den vorgegebenen Erfahrungen vernünftig zu passen scheint. Erst das Gesamtsystem aller Ideen vermittelt Wahrheit oder führt uns so nahe, wie wir der Wahrheit irgend kommen können.

Schaeffer: Was ist eigentlich zwischenmenschliches Verstehen?

Laszlo: Es ist sehr schwer, einen anderen Menschen zu verstehen, denn jeder von uns ist außerordentlich komplex. Ich muss gestehen, dass ich früher nicht das Bedürfnis hatte, die Menschen um mich he-

158

rum voll und ganz zu verstehen. Ich war zu sehr damit beschäftigt, die Wirklichkeit verstehen zu wollen. In letzter Zeit habe ich eingesehen, dass ich die Menschen doch verstehen muss. Das tiefere Verständnis, an dem ich interessiert bin, erfordert Mitgefühl, und dieses Mitgefühl ist etwas sehr Geheimnisvolles. Es geht über das Äußere hinaus, über die Wellen, die wir in unserem Gehirn empfangen. Es ist eine spontane Interaktion und endet nicht dort, wo unsere Haut aufhört.

Von jedem Einzelmenschen gehen gewisse Strahlungen oder Schwingungen aus, die wir nicht ganz verstehen. Sobald ein echtes Verstehen vorliegt, befinden sich diese Schwingungen in einer Harmonie. Liebe ist eine Art dieses Verstehens.

Wenn Plato darüber spricht, was sich in einem Dialog abspielt, so sagt er, dass Verständnis immer da sei, es müsse nur geweckt werden. Das stimmt wohl. Wir verstehen die Dinge, aber wir sind uns dessen nicht bewusst. Wenn wir ein Gespräch führen, kann dieses Verständnis zutage treten. Manchmal können die Aspekte, die verschiedene Menschen an ein Einzelproblem herantragen, sich gegenseitig ergänzen und zu einer plötzlichen Einsicht führen.

Schaeffer: Was ist eigentlich der Sinn und Zweck der gesprochenen Sprache in der zwischenmenschlichen Beziehung?

Laszlo: In weit zurückliegender Vergangenheit hatte die Sprache wahrscheinlich ganz andere Funktionen, als sie heute hat. Menschen sind sich selbst organisierende Systeme, die die Fähigkeit haben, ihr eigenes Verhalten zu ändern. An einer gewissen Stelle in ihrer Evolution ergab sich die Notwendigkeit, einen Code zu entwickeln, mit dessen Hilfe sie ihre Fähigkeit zu koordinierten Aktionen durch Arbeitsteilung verstärken konnten. Die Sprache hat diesem Zweck gedient. Als ein Kommunikationsmittel verfügt sie über eine große Flexibilität im Verhalten und eine bessere Ausnutzung der Energie. Sie ermöglichte den Menschen, Quellen negativer Entropie im Lebensprozess zu entdecken und ihr Verhalten in der Gemeinschaft entsprechend auszurichten. Sie eröffnete Möglichkeiten für die Anpassung. Die Sprache entfaltete sich auch als ein abstraktes System, das die Menschen dazu benutzen konnten, Alternativen zu entwickeln, die von der unmittelbaren Wirklichkeit des Handelns weit entfernt waren. Mit Hilfe der Sprache konnten sie andere Dinge ins Auge fassen als nur ihr unmittelbares Fortbestehen in der Gesellschaft.

Wenn wir uns Sprache heute ansehen, erkennen wir eine Anzahl von Zwecken, die scheinbar keinen Zusammenhang haben. Wir benutzen Sprache, um unsere Bedürfnisse nach Macht, nach logischer Erfahrung, nach Kunst, nach Zugehörigkeit auszudrücken. Diese Funktionen der Sprache waren nicht geplant, sie sind zusätzliche Ergebnisse einer Fähigkeit, die in der Evolution einen besonderen Wert hatte. Diese Ergebnisse haben ihrerseits die Spezies, von denen sie ein Teil sind, geformt und weitergebildet. Heute sind menschliche Gesellschaften selbstverständlich auf sprachliche Kommunikation zu ihrer eigenen Existenz angewiesen.

Schaeffer: Eine der Herausforderungen der gegenseitigen Abhängigkeit scheint darin zu bestehen, dass wir eine gemeinsame Sprache sprechen, um über Grenzen hinweg zu kommunizieren. Gleichzeitig ist es aber wichtig, dass wir einen sozialen Pluralismus aufrechterhalten.

Laszlo: Mannigfaltigkeit muss sich ausbreiten. Wir können Einheit haben, ohne Uniformität herzustellen. Einheit bedeutet nicht Uniformität. Wir können sehr wohl verschieden sein, solange wir zu der gegenseitigen Verschiedenartigkeit Beziehungen herstellen können.

Es gibt verschiedenartige Menschen in derselben Gesellschaft und in anderen Gesellschaften, aber sie müssen in derselben, größeren Struktur nebeneinander bestehen können. Gerade diese Struktur macht die Verschiedenartigkeit und die notwendige Variationsbreite möglich.

Schaeffer: Sehen Sie Individuen als in ihrer Kultur eingetaucht, dadurch in ihrer Wahl eingeengt und sind sie somit in ihrer Interaktion mit anderen eindeutig definiert oder sind sie umgekehrt Wesen, die über volle Kontrolle, Kreativität und Verantwortung verfügen? Was ist die Rolle des Einzelmenschen in der Gesellschaft?

Laszlo: Hier liegt ein Paradoxon vor. In dem Maße, wie sich die Gesellschaft historisch entwickelt hat, hat sie es dem Individuum ermöglicht, über immer mehr Flexibilität zu verfügen, aber sie hat den Einzelnen auch in eine größere Komplexität eingetaucht. Der Einzelne weiß über seine Gesellschaft immer weniger Bescheid. Der Einzelne kann nur noch immer kleinere Aspekte der sozialen Wirklichkeit beschreiben und er ist immer weniger in der Lage, sich zurechtzufinden.

Als eine gute Wirkkraft im Rahmen der Evolution müssten die Individuen versuchen, ein zunehmend komplexeres und ein zunehmend leistungsfähigeres Verständnis der sozialen Struktur zu schaffen, denn jene Struktur umschreibt notwendigerweise das angeborene Verhalten des Einzelnen. Eine Gesellschaft ist wirksam und zuverlässig, wenn jeder seinen Teil zu ihr beiträgt. Eine stark bevormundende Gesellschaft kann auf der Ebene des sozialen Systems sehr funktional sein, aber sie ist unmenschlich auf der Ebene des Einzelnen.

Als Einzelne sind wir Ganzheiten, die aus Teilen zusammengesetzt sind, und gleichzeitig sind wir Teile eines größeren Ganzen. Wir sind offensichtlich von den systembezogenen Beziehungen unter uns beeinflusst. Wir sind auch Teil der zugrundeliegenden umfassenderen Beziehungen in unserer Gesellschaft, von der Familie bis zum globalen Sozialsystem.

Wir können nicht das ganze evolvierende Universum von außen anschauen. Wenn wir das könnten, würden wir ein sich entwickelndes Ganzes erkennen, das höchstmögliche Niveau eines Systems, das die Funktion jedes einzelnen Teiles festlegt und ihm den Sinn seiner Existenz gibt. Jeder Einzelne von uns jedoch sieht sich selbst als einen besonderen Teil in diesem Prozess und wir haben das größte Interesse daran, unsere eigene Stufe als übergeordnet zu erleben. Wir wünschen immer, oben zu sein.

Daher besteht die Gefahr, dass der Einzelne den Überblick über das Ganze verliert. Es ist ebenfalls wichtig, dass der Einzelne nicht durch das größere System total bevormundet wird. Wenn Hitler zum Beispiel den Krieg gewonnen hätte, würde er ein tausendjähriges Reich errichtet haben, in dem der Einzelne dem System total untergeordnet gewesen wäre. Dasselbe hätte auch unter Stalin geschehen können. Wenn wir die Technik und Methoden berücksichtigen, die uns heute zur Verfügung stehen, um das Verhalten von Menschen zu kontrollieren und zu bestimmen, erscheint es nicht unmöglich, dass sich Systeme ausprägen, die über den Einzelnen in solcher Weise Macht erlangen, dass sie ihn zu einem einfachen Zahnrädchen in einer Maschine degradieren. Wir sollten die Evolution auf dem Niveau des Einzelnen optimal vorantreiben, und ihr gleichzeitig erlauben, sich auf dem Niveau der Gesellschaft zu entfalten.

Schaeffer: Ist die Selbstverwirklichung des Einzelnen ein vernünftiges Ziel in diesem Prozess?

Laszlo: Es ist kein Ziel für die Gesellschaft, es ist ein Ziel für jedes einzelne Individuum. Das Ziel eines jeden Systems ist es, Störungen und Veränderungen Widerstand entgegenzusetzen. Es hat nur das Bestreben, sich selbst am Leben zu erhalten und in seinem Zustand zu beharren, selbst unter einer Vielfalt von sich ändernden Umständen. Für den Einzelnen könnte Selbstverwirklichung in einer Selbstbehauptung bestehen. Aber das ist nicht der entscheidende Faktor beim Fortbestehen der Gesellschaft.

Die Gesellschaft ist eine andere Systemebene oberhalb des Individuums. Für mich ist es wichtig, diese zwei Ebenen deutlich zu unterscheiden. Wir könnten die Analogie einer Zelle und eines Individuums benutzen. Man kann das Individuum nicht auf das Niveau der Zelle herabdrücken, man kann auch eine Zelle nicht mit einem Individuum gleichsetzen. Aber man kann sehr wohl sagen, dass eine Zelle nur dann Sinn und Erfüllung findet, wenn sie ein integraler und funktionaler Teil eines Individuums ist.

Schaeffer: Welches sind die schwerwiegendsten Probleme der Welt heute und welche Bemühungen sollten wir auf die Lösung dieser Probleme verwenden?

Laszlo: Das Hauptproblem besteht darin, dass Gesellschaften keinen Anspruch auf Fortbestand haben. Natürlich gibt es da Ausnahmen, etwa kleine Menschengruppen, die die Struktur ihrer Existenz neu formulieren. Aber Gesellschaften im Großen und Ganzen können auf die Dauer nicht fortbestehen. Es geht also nicht um die Frage, ob sie sich verändern wollen oder nicht: Sie werden sich verändern müssen. Die Frage ist vielmehr, wie schnell sie sich ändern und welchen Preis sie dafür bezahlen. Die allgemeine Regel ist, dass, je länger sie warten, der Preis umso höher wird.

Es gibt eine ganze Reihe von Problemen, die gelöst werden müssen in Bezug auf Technologie, Arbeitsplätze, Ernährung, Umwelt, die Verteilung der Rohstoffquellen und des Reichtums usw. Wenn die gegenwärtigen Tendenzen sich fortsetzen sollten, dann werden die Probleme immer größer werden. Wenn die Weltbevölkerung gleich bliebe, wenn das System der Zusammenarbeit bei der Lösung der Probleme besser wäre und wenn die Bevölkerung eine bessere Bildung hätte, könnten wir alle diese Probleme lösen.

Schaeffer: Hier scheinen Sie ein grundlegendes und entscheidendes Problem angesprochen zu haben: Die Notwendigkeit des Übergangs von der Unabhängigkeit zur gegenseitigen Abhängigkeit.

Laszlo: In der biologischen Evolution kommunizieren Gruppen von Systemen untereinander. Sie passen sich einander an und werden zu

Organisationen auf höherem Niveau. Gerade das geschieht jetzt auch in unserer Gesellschaft. Wir bilden Systeme eines höheren Niveaus, als es eine Nation sein kann. Aber wir verhalten uns immer noch so, als ob wir weiterhin unabhängige souveräne Nationalstaaten bleiben könnten.

Schaeffer: Wie verhält es sich nun mit Konflikten einerseits und Kooperation andererseits in der heutigen, internationalen Situation?

Laszlo: Wenn der Konflikt Regeln unterliegt, kann er zu einem koordinierten Wettbewerb werden. Wettbewerb ist notwendig. Dies ist ein normaler Vorgang in jedem gesellschaftlichen System von der Familie bis zur Weltgesellschaft, aber er darf nicht zerstörerisch wirken. Wettbewerb muss so kontrolliert werden, dass er das System, von dem er ein Teil ist, nicht zerstört.

Schaeffer: Was ist die zentrale Bedeutung des Krieges in der menschlichen Gesellschaft?

Laszlo: Sicherlich ist dies einer der größten Fehler, die ein zur Erkenntnis fähiges menschliches Wesen begehen kann: zu glauben, dass ein Konflikt zwischen Gruppen durch Gewalt gelöst werden kann. In einem Krieg unterliegt der menschliche Geist einem tragischen Missverständnis des Prozesses der Interaktion bei der Interpretation des ursprünglich gesunden Instinktes des Herrschaftsstrebens.

Schaeffer: In einem sich selbst reproduzierenden und erhaltenden System müssen wir dafür sorgen, dass die Variationsbreite der Kreativität gewisse Grenzen nicht überschreitet und damit sich selbst zerstört. Wie machen wir das?

Laszlo: In jeder Evolution gibt es zu gewissen Zeiten Bifurkationen. Auf diese Bifurkationen folgt die Entwicklung neuer, dynamischer Formen. Neue Arten entstehen, die neuen Gesetzen und Prinzipien unterliegen. Das Gleiche geschieht auch in der Gesellschaft. Neue Gesellschafts- und Regierungsformen werden zu gewissen Zeiten geschaffen. Wenn das geschieht, können wir nichts mehr tun, als uns möglichst schnell anzupassen. Es ist hilfreich, wenn wir uns die Strukturen, die die besten Chancen haben, schon vorher angeschaut haben, ehe es zu einem Wandel kommt.

Keiner hat vorhergesehen, was im Gefolge der Französischen Revolution geschehen würde. Sie war eine Fluktuation größten Ausmaßes, die die Gesellschaft veränderte. Das Ergebnis war zunächst unerwartetes Chaos und Terror und dann erschien Napoleon und führte strengste Kontrollen ein. Niemand hätte diese Folge von Ereignissen planen können. Aber einige der schlimmsten Folgen hätten vermieden werden können, wenn die Führer der Revolution wenigstens einige der möglichen Ergebnisse ins Auge gefasst hätten.

Schaeffer: Welches ist unser Platz in Natur und Umwelt? Sind wir aktiv oder passiv? Sind wir Täter oder Opfer?

Laszlo: Wie ich schon sagte, sind wir bewusste Teile der Natur. Wir können über unsere Kenntnisse, über uns selbst und über unsere Umwelt nachdenken. Die Verantwortung für die Umwelt liegt bei uns. Sie kann nicht bei einer Spezies liegen, die des Nachdenkens über sich selbst und über Alternativen zu ihrem eigenen Verhalten unfähig ist. Wir sind die Sachwalter, aber wir sind nicht Verwalter von außen, wir sind bewusst nachdenkende Glieder des Ökosystems. Es ist nicht unsere Aufgabe, uns die Natur untertan zu machen. Wir müssen vielmehr erkennen, dass unser Leben, unsere Zukunft und unsere Entwicklung auf dem Fortbestand des Systems beruhen. Unsere Aufgabe ist es, bewusst darüber nachzudenken. Wir müssen das entweder *jetzt* tun oder wir riskieren ausgelöscht zu werden.

Schaeffer: Richard Lewontin schreibt: „Ein volles Verständnis des menschlichen Daseins erfordert eine Integration des biologischen und des gesellschaftlichen Menschen, wobei keinem ein Vorrang oder eine ontologische Priorität über den andern eingeräumt werden kann, aber beide als in einer dialektischen Beziehung zueinander stehend verstanden werden müssen." Was ist Ihre Meinung hierzu?

Laszlo: Wir fügen uns in das Ökosystem nicht nur als rein soziale Wesen ein. Wir sind vielmehr *soziobiologische* Wesen in dem Sinne, dass wir eine biologische Art mit sozialen Beziehungen sind. Aber bei dem Problem geht es eigentlich darum, in welchem Maße wir eine kulturelle Spezies sind. Ein Ökosystem kann sehr wohl eine Spezies in sich ertragen, die sich genetisch nur langsam über eine lange Zeit hinweg an das Ökosystem anpaßt. Eigenschaften der Spezies, die nicht passen, können langsam zugunsten von Eigenschaften, die sich mit größerer Elastizität einem ausgebildeten System einfügen, ausgemerzt werden.

Eine Spezies mit Kultur, das heißt, mit Bewusstsein, ist aber ein Glücksspiel. Denn eine Kultur ermöglicht es der Spezies, sich den Umständen anzupassen, aber gleichzeitig die Umgebung in einer Art zu manipulieren, wie es andere Spezies nicht können. Sie kann den ganzen evolutionären Prozess beeinflussen, aber sie kann auch Fehler machen, die möglicherweise zerstörerisch sind, und zwar nicht nur für sich selbst, sondern für das Ökosystem als Ganzes. Wir wissen nicht, wie dieses Glücksspiel ausgehen wird.

Schaeffer: Wenn wir diese Denkweise auf heutige soziale Systeme anwenden, so bedeutet das eine neue Grundlage für die Entscheidungsfindung.

Laszlo: Wenn man die Dynamik des ganzen Systems versteht, in dem man sich täglich befindet, dann sind die Folgen des Handelns andere, als wenn man nur die Dynamik der eigenen Situation kennt. Bis jetzt haben wir fast alle nur unsere eigene Situation angeschaut und uns selbst als Wesen betrachtet, die in einer exogenen Umwelt agieren, die sich außerhalb von uns selbst befindet. Wenn wir uns jetzt als endogen betrachten, als Teil eines ganzheitlichen Systems, können wir damit anfangen, die Parameter, die wir für das ganze System als wertvoll betrachten, zu optimieren oder zu maximieren.

Schaeffer: Ein neues Erziehungsparadigma scheint mir erforderlich, wenn wir unseren Kindern dazu verhelfen wollen, vollwertige Mitglieder in einem solchen dynamischen Prozess zu werden.

Laszlo: Ja, das stellt ein Problem dar. Es wäre sicher wünschenswert, ein solches Paradigma zu entwickeln, aber die Ergebnisse würden nur dann positiv sein, wenn es sich auf einen sehr großen Sektor der menschlichen Bevölkerung anwenden ließe. Die Wirkungen eines aufgeklärten Handelns, das die Dynamik des größeren Systems im Auge hat, bedeuten gewöhnlich Wirkungen auf längere Zeit, als sie Handlungen haben können, die aus einer unmittelbaren, engen Situation heraus vollführt werden. Wenn einige Menschen auf dem aufgeklärten, höheren Niveau agieren und andere auf dem egoistischen Niveau mit Kurzzeiteffekten, dann wird der Egoist gewinnen und die aufgeklärten Menschen werden an den Rand gedrängt.

Bewusstes Handeln im Lichte der ganzheitlichen Betrachtungsweise, sogar auf der Stufe der Nationen oder der Nationalstaaten, wäre heute schon viel weiter fortgeschritten, wenn es diese Hürde nicht gäbe. Regierungen und Politiker, die jetzt anfangen, im Sinne der ganzen Menschheit zu handeln, befinden sich, auf kurze Sicht gesehen, im Nachteil. Oft haben sie das Spiel schon verloren, ehe sie dahin gelangen, dass ihr Handeln Ergebnisse zeitigt.

Schaeffer: Sie sprechen also von einem größeren Paradigmenwechsel auf einer sehr hohen Ebene, der alle Nationen, alle Regierungen, alle Institutionen praktisch zur selben Zeit betrifft?

Laszlo: Wir stehen mitten in einem Kulturwechsel. Eine Verbesserung, die nur Flickwerk bleibt, kann nicht wirkungsvoll sein, weil das ganze System die Abweichler automatisch ausschalten wird.

Schaeffer: Ist es möglich, dass ein Verständnis von all diesem auf der untersten Ebene entwickelt werden könnte, und würde es dann nach oben durchschlagen oder muss die Veränderung von oben kommen?

Laszlo: Sie kann nicht von oben kommen. Das etablierte System handelt immer wie ein negatives Rückkopplungssystem. Es ist am eigenen Fortbestehen interessiert. Jedes einmal etablierte System korrigiert jede Abweichung selbst. Sogar biologische Arten bleiben relativ dieselben. Sie entstehen durch schnelle Mutation, und solange sie bestehen, bleiben sie praktisch unverändert, bis sie durch andere Arten ersetzt werden.

Die oberste Stufe eines sozialen Systems, die kontrollierende Stufe, ist immer konservativ und ist immer daran interessiert, das bestehende System zu erhalten. Es gibt aber Fluktuationen, neue Bewegungen, die von den unteren Ebenen aufsteigen. Einige von ihnen, wenn sie sich zu sinnvollen Aktionen zusammenfinden, wie zum Beispiel soziale Bewegungen, ökologische Bewegungen, Friedensbewegung und Weltbürgertum, können feste Netzwerke errichten und kraftvolle Allianzen bilden. Dann können sie sich schnell genug ausbreiten, so dass das übergeordnete System sie nicht mehr ausschalten kann. Wenn dann das übergeordnete System genügend von Krisen geschüttelt und damit verwundbar wird, können diese alternativen Bewegungen die Gelegenheit bekommen, das alte System durch ein neues zu ersetzen.

Dieses Modell der Veränderung hat sich in den letzten zehn Jahren in der makroevolutionären Theorie der Biologie durchgesetzt. Es hat auch Beziehungen zu Ilya Prigogines Forschungen auf dem Gebiet der Thermodynamik. Er vertritt die Ansicht, dass Fluktuationen in einem instabilen System sich sehr schnell ausbreiten können, bis sich ein neues, dynamisches Regime etabliert. Ich glaube, dass derselbe Prozess sich auch in sozialen Systemen abspielt.

Schaeffer: Veränderte Umstände haben entscheidende Auswirkungen auf Veränderungen in der westlichen Kultur bedeutet. Ich denke da an solche Ereignisse wie die Erfindung der Druckerpresse, die zu einer Änderung der öffentlichen Meinung geführt hat, oder die Kreuzzüge, die zu einer Erweiterung des Wissens führten. Was sind nach Ihrer Meinung die Umstände, die größere Veränderungen in der Zukunft bewirken werden?

Laszlo: Wahrscheinlich all jene Dinge, die uns über weite Entfernungen in enge Beziehungen zueinander bringen. Man kann den Ausdruck „Fluss" benutzen, der weltweite Fluss des Geldes, der Information, der Energie, der Produkte, der Menschen. Bedeutende Veränderungen in der Transporttechnik, in der Kommunikationstechnik gehören zu diesem Fließen. Sie zwingen die Menschen zu einer Einheit, ehe sie darauf vorbereitet sind, ehe sie bereit sind, eine globale Perspektive zu entwickeln.

Schaeffer: Was sind Ihre liebsten Hoffnungen und Ihre kühnsten Träume?

Laszlo: Eine meiner kühnsten Hoffnungen ist es, dazu beizutragen, dass diese Welt in befriedigender Weise eine leichter zu handhabende Welt wird. Der nächste entscheidende Schritt bei der Entwicklung unserer Spezies führt tatsächlich an einen Wendepunkt, einen Bifurkationspunkt, der zur Auslöschung oder zu einem völlig degenerierten Zustand führen könnte. Wir müssen die menschliche Kultur hochhalten, um zu überleben. Wir müssen die richtige Wahl treffen, um die Muster, die sich über eine sehr lange Zeit in der Geschichte gebildet haben, weiterzuentwickeln.

Schaeffer: Was bedarf in der heutigen Welt der Erklärung?

Laszlo: Fast alle Fragen, die die Philosophen über viertausend Jahre gestellt haben, sind bis heute unbeantwortet geblieben. Wir haben besseres Rohmaterial und wir haben bessere Informationen, wir haben einige Sackgassen untersucht, aber die großen Fragen sind immer noch da und bedürfen einer Erklärung. Wir wissen nicht, ob das Dasein einen Zweck hat; wir wissen nicht, ob es einen Schöpfer gibt, ob ein Menschenwesen mit einem Geist, mit Bewusstsein die Manifestation einer besonderen Tendenz im Universum oder nur eine mögliche Lösung des Problems des Fortbestehens unter Milliarden anderen ist.

Was ist der Sinn, dass das Individuum Leben hat? Überlebt der Einzelne als eine individuelle Identität oder als eine Reihe von Eindrücken, die sich wie Erinnerungen irgendwo einprägen? Ich nehme an, dass die Natur nicht so verschwenderisch ist und es zulässt, dass der Reichtum an Erfahrungen, die sich im Laufe des Lebens eines einzelnen angesammelt haben, völlig ausgelöscht wird. Vielleicht werden alle Erfahrungen in der Zeit irgendwo aufgespeichert. Vielleicht bleiben die Lebenserfahrungen eines Einzelnen auf einer Schablone für andere Erfahrungen erhalten. Die Antwort auf diese Frage könnte dem Leben einen neuen Sinn geben.

Schaeffer: Ich glaube, Virginia Woolf hat gesagt, dass das Einzelleben so lange währt, wie die Lebenserfahrungen, die Gedanken und die Handlungen in der Erinnerung anderer Menschenwesen lebendig bleiben.

Laszlo: Das wäre eine Möglichkeit, den Lebenseindrücken Dauer zu verleihen. Es könnte andere Möglichkeiten geben. Das Universum ist ein schöpferisches Universum und eines seiner Elemente ist die Dimension des Geistes. Es könnte sein, dass es eine natürliche Matrix gibt, in der Eindrücke nicht nur von Menschenwesen, sondern von allen geschaffenen Systemen, allen existierenden Wesenheiten festgehalten werden. Das Universum selbst könnte sich mit den Erfahrungen jener Systeme, die sich gebildet haben und die fortbestehen, weiterentwickeln.

Ich bin von zwei Vorstellungen überzeugt. Erstens: Die Wahrnehmung der Welt in einem sehr allgemeinen Sinne ist nicht auf Menschenwesen beschränkt. Sie ist nicht einmal auf komplexe vielzellige Lebewesen beschränkt. Wahrnehmung ist vielmehr eine allgemeine Charakteristik einer gewissen Art von Systemen, die sich entwickeln, die in der Natur auftauchen, und zwar in fortschreitend komplexen Formen. Das Universum wird sich durch diese Art von Systemen seiner selbst bewusst.

Der zweite Punkt betrifft die Hypothese, die ich Psi-Feld nenne. Es ist meine Grundüberzeugung, dass das Feld der geistigen Phänomene denselben Gesetzen der Erhaltung der Energie unterliegt wie das physikalische Universum. Gemäß den Gesetzen der Physik bleibt die Energie erhalten. Sie wird bloß von einer Form in die andere umgewandelt, so dass im Universum nichts verloren geht. In Bezug auf die Energieprozesse ist das Universum geschlossen.

Nun besteht ein grundlegender Unterschied zwischen diesen physikalischen Gesetzen und unserer geistigen Erfahrung, die unsere unmittelbarste Erfahrung ist. Wir stehen hier vor der Möglichkeit, dass,

168

wie reich auch immer das Leben, wie tiefgreifend die Erfahrung, wie umfassend der Erinnerungsschatz sein mögen, alles, ohne Spuren zu hinterlassen, verschwindet, wenn das Gehirn beschädigt wird oder wenn der Mensch stirbt. Diese Asymmetrie zwischen der physikalischen und der geistigen Dimension des Universums scheint mir unvernünftig und unannehmbar.

Ich beginne zu glauben, dass es im Universum etwas Ähnliches wie die Erhaltung der Energie geben muss. Die Erfahrung der dynamischen Systeme bleibt auf irgendeine Art und Weise erhalten. Der Schatz der Erfahrungen, der sich im einzelnen Menschen ansammelt, findet Platz in einem Aspekt des Universums, der parallel zu sehen ist mit dem Gravitationsfeld, dem elektromagnetischen Feld und den anderen Feldern, daher nenne ich es das Psi-Feld. Unter diesem Gesichtspunkt ist die menschliche Erfahrung ein wesentliches Merkmal des Universums.

Im deutschen Buchhandel
erhältliche Bücher

Ervin Laszlo: *Holos – Die Welt der neuen Wissenschaften*, Verlag Via Nova, Petersberg, 2002.

–: *You can change the world – Wie kann ich die Welt verändern*, Verlag Via Nova, Petersberg, 2003.

–: *Das fünfte Feld*, Lübbe, Bergisch-Gladbach, 2000.

–: *Macroshift*, Insel-Verlag, Frankfurt, 2003.

–: *Das dritte Jahrtausend*, Suhrkamp, Frankfurt, 1998.

–: *Kosmische Kreativität*, Insel-Verlag, Frankfurt, 1997.

Dieter Beste und A. Edingshaus v. Laßberg: *Menschen im Aufbruch – Projekte, die die Welt verändern*. Herausgeber: Club of Budapest. Verlag Via Nova, Petersberg, 2003.

Weitere Bücher in englischer Sprache

Essential Society. An Ontological Reconstruktion (1963).

Individualism collectivism and political power. A Relational Analysis of Ideological Conflict (1963).

Human values and natural science. Hrsg. mit J. Wilbur (1966).

Human dignity: this century and the next. Hrsg. mit R. Gotesky (1970).

Evolution and revolution. Paterns of Development in Nature, Society, Culture and Man. Hrsg. mit R. Gotesky (1971).

The relevance of general systems theory. Hrsg. (1971).

Emergent man. Hrsg. mit J. Stulman (1972).

Introduction to systems philosophy. Toward a New Paradigm of Contemporary Thought (1972/84).

The system view of the world. The Natural Philosophy of the New Developments in the Sciences (1972).

A stretegy for the future. The System Apporach to World Order (1974).

The world system. Models, Norms, Applications. Hrsg. (1974).

Goals in a global community.

Vol. I: Studies on the Conceptual Foundation.

Vol. II: The International Values and Goals Studies. Hrsg. mit J. Bierman (1977).

Goals for mankind. Report to the Club of Rome on the New Horizons of Global Community (1978).

Die inneren Grenzen der Menschheit (1978/88).

The objectives of the new international exonomic order. Hrsg. mit R. Baker, E. Eisenberg, V. K. Raman (1978/79).

The obstacles to the new international economic order. Hrsg. mit J. Lozoya, J. Estevez, A. Bhattacharya, V. K. Raman (1978).

Food and agriculture in the gobals perspective. Hrsg. mit T. Miljan und J. Kurtzman (1979).

The structure of the world economy and projects for a new international exonomic order. Hrsg. mit J. Kurtzman (1980).

Regional cooperation among development countries. The New Imperatives of Development in the 1980s. Hrsg. mit J. Kurtzman und A. Bhattacharya (1981).

Political and institutional issues of the new international economic order. Hrsg. mit J. Kurtzman (1981).

Disarmament: the human factor. Hrsg. mit D. F. Keys (1981).

Systems science and world order. Selected Studies (1983).

Cooperation in the 1980s: Principles and prospects. Hrsg. (1984).

European culture and world development. UNESCO Joint Studies for the European Cultural Forum. Hrsg. mit I. Vitanyi (1985).

Peace through global transformation. Hope for a New World in the Late 20th Century, mit J. Y. Yoo (1985).

Evolution: Die neue Synthese (1987).

New letures on systems philosophy (1988).

Cosmic connections: on the track of the transdisciplinary supertheory (1989).

HOLOS – die Welt der neuen Wissenschaften

Ervin Laszlo

Hardcover, 208 Seiten – ISBN 3-928632-94-9

In den Wissenschaften findet eine Revolution statt. Es ist keine technologische Revolution – es ist eine Revolution des Weltbildes. Prof. Laszlo verfolgt diese Entwicklung und macht sie jedem zugänglich, der an den neuesten Erkenntnissen darüber teilhaben möchte, wer und was wir sind, was die Welt ist, die uns umgibt, und auf welche Weise wir in Beziehung zueinander und zu dieser Welt stehen. Der Leser erfährt in einfacher Sprache, was Wissenschaftler bereits wissen und vor welchen Rätseln sie im Hinblick auf den Kosmos, das Quantum, den lebenden Organismus und das menschliche Bewusstsein immer noch stehen. Dann erforscht der Verfasser diese Welt, indem er Fragen stellt, auf die er nun zuversichtliche, wenn auch überraschende Antworten geben kann – Fragen, bei denen es um Ursprünge und Bestimmung des Universums und um Ursprung und Evolution des Lebens und des Bewusstseins geht –, um dann die größten der „großen Fragen" zu stellen: Fragen der Unsterblichkeit, zum Bewusstsein im Kosmos und zu einem Bewusstsein, das eine wissenschaftlich basierte Schau als den Geist Gottes erfassen kann.

You can change the world
Wie kann ich die Welt verändern?

Anleitung zum persönlichen Handeln

Ervin Laszlo

Hardcover, 160 Seiten – ISBN 3-936486-23-9

Mit diesem Buch will Ervin Laszlo als Präsident des Club of Budapest einen praktischen Leitfaden anbieten für alle jene Menschen, die einen ganz persönlichen Beitrag zu einer besseren Welt leisten möchten. Es ist ein Leitfaden, der das Denken und Handeln miteinander verbindet. Er reicht von der Frage, welche ethischen Werte der Realität einer zusammengewachsenen Menschheit gerecht werden können, bis zu der Frage, wie wir zu aktiven und wirkungsvollen Mitgestaltern unseres gemeinsamen Schicksals auf dieser einen Erde werden können. Ein im doppelten Wortsinn notwendiger und überaus ermutigender Leitfaden aus der Ohnmacht heraus. Im Anhang finden sich ferner die beiden vielleicht wichtigsten Ethik-Dokumente der Gegenwart: die Erd-Charta sowie die Weltethos-Erklärung. „Lesen Sie dieses Buch und denken Sie darüber nach. Dies ist wichtig für Sie, für Ihre Familie, für Ihre Kinder und Enkel, für Ihre Freunde, für jeden um Sie herum." Michail Gorbatschow im Vorwort

Menschen im Aufbruch

Die besten Projekte der Welt –
ausgewählt vom Club of Budapest

Dieter Beste und Anna Edingshaus v. Laßberg

Hardcover, 160 S., Großformat, mit zahlreichen farbigen Abb., ISBN 3-936486-39-5

Der Club of Budapest, dem Persönlichkeiten wie der Dalai Lama und Michail Gorbatschow angehören, führte in einem eindrucksvollen Bildband zehn beste Projekte für eine bessere Welt zusammen. Die ausgewählten Projekte wurden mit dem Club of Budapest Award ausgezeichnet, einer Art neuem „Nobelpreis für beispielgebende Projekte für eine weltweit sozial und ökologisch nachhaltige Entwicklung". Wer sich selbst oder andere mit diesem Buch beschenkt, schenkt greifbare Hoffnung nach dem Motto: Eine bessere Welt ist möglich. Die Projekte werden präsentiert von Franz Alt, Helga Breuninger, Edelgard Bulmahn, Sabine Christiansen, Luciano Donatelli, Hans-Dietrich Genscher, Dietmar Schönherr, Karan Singh, Lothar Späth und Ernst Ulrich von Weizsäcker.

Ken Wilber – Denker aus Passion
Eine Zusammenschau
Frank Visser

Hardcover, 312 Seiten – ISBN 3-936486-00-X

Im Werk des Philosophen Ken Wilber gehen alle bedeutenden Themen der großen philosophischen und spirituellen Traditionen der Menschheit eine eindrucksvolle Synthese ein. Wilber ist ein passionierter Sucher nach der Wahrheit und einer der letzten großen Systemphilosophen, der Wissenschaft und Religion, Kunst und Kultur, Ost und West miteinander verbindet und in eine umfassende Perspektive der Evolution stellt. Der Autor dieses Buches zeichnet nicht nur das Entstehen und den Werdegang der Bücher von Wilber auf, er stellt nicht nur das Gesamtwerk des großen Bewusstseinsforschers dar, sondern beleuchtet auch die Geschichte hinter seinen Gedanken und Erkenntnissen. Er beschreibt eindringlich den Lebenslauf von Wilber bis in die Gegenwart, die Motive, die Wilber zur Auswahl seiner Themen veranlasst haben, die intellektuellen und persönlichen Krisen seines Lebens und nicht zuletzt seine persönliche spirituelle Erfahrung. Frank Visser hat Wilber in der Vorbereitungszeit zu diesem Buch einige Male persönlich besucht und ausführliche Interviews mit ihm geführt.

Die Kraft gelebter Visionen
Mit Liebe und Erfolg zu neuen Perspektiven
Stephan Petrowitsch

Paperback, 288 Seiten – ISBN 3-936486-65-4

Wahrer Erfolg basiert darauf, eine individuelle, kraftvolle Vision zu entwickeln, sich seiner wahren Ziele und Lebensaufgabe bewusst zu werden und an sich selbst gezielt zu arbeiten. Der Leser erfährt in diesem Buch sowohl, was ihn bisher daran gehindert hat, diese Aufgaben zu erkennen, als auch, wie er seine Ziele finden und umsetzen kann. Die vorgestellten Methoden verbinden uralte spirituelle Überlieferungen mit den Erkenntnissen der Quantentheorie und bringen diese in Einklang mit einem neuen, göttlichen Menschenbild. Ein solcher Mensch berücksichtigt in seinem Handeln nicht nur das eigene Wohl, sondern auch die Bedürfnisse der Umwelt, anderer Menschen und Lebewesen. Das Buch zeigt, wie unser Geldsystem diese Verantwortung für unsere Mitwelt unterdrückt. Ein existierendes Modell im Bereich des Geldsystems, das gleichzeitig unsere derzeitige Wirtschafts- und Gesellschaftskrise schrittweise lösen könnte, weist uns den Weg aus den herrschenden Missständen.

Heilung und Neugeburt
Aufbruch in eine neue Dimension des Lebens
Barbara Schenkbier / Karl W. ter Horst

Hardcover, 264 Seiten, Grafiken – ISBN 3-936486-57-3

Immer mehr Menschen suchen Auswege aus Einsamkeit und Trauer, Isolation und Sinnkrise. Sie sehnen sich nach Wärme und Licht, einem Aufbruch ins Leben, dem erneute Enttäuschungen und Niederlagen erspart bleiben. Barbara Schenkbier und Karl W. ter Horst geben anregende Impulse für den Aufbruch in eine neue Dimension des Lebens, für die spirituelle Neugeburt des Menschen. Diese Impulse sind begleitet von wegweisenden Ratschlägen für die Heilung von Seele und Körper. Die Autoren schöpfen aus der spirituellen Erfahrung einer neuen Dimension der Heilung und der Geschichte ganzheitlicher Heilverfahren. Mit einer bisher unveröffentlichten evolutions-psychologischen Methode ermöglichen sie dem Leser überraschende Einblicke in die verschlungenen Verläufe seiner eigenen Entwicklung. Alles Mitmenschliche und Kraftspendende, das dabei ans Licht des Bewusstseins dringt, bewerten die Autoren als Quellen von Heilung und Glück. In Einheit mit dem göttlichen Geist bringen sie Ströme lebendigen Wassers hervor.

Die Vision vom göttlichen Menschen

Eine spirituelle Weg-Begleitung in das neue Jahrtausend

Barbara Schenkbier

Paperback, 424 Seiten, 21 ganzseitige Bilder – ISBN 3-928632-68-X

Prachtband: Geb., 424 Seiten, Einband Kunstleder mit Goldaufdruck, 21 ganzseitige Bilder, Zweifarbendruck – ISBN 3-928632-18-3

Das Buch ist ein umfassendes Standardwerk, das den Durchbruch einer neuen Evolutionsstufe im Bewusstsein des Menschen vorbereiten hilft. Aufbauend auf wissenschaftlichen Erkenntnissen und der mystischen Tradition aller Religionen führt es zu einem tieferen Wissen über das menschliche Bewusstsein, um dann den Weg zum göttlichen Menschen zu beleuchten. Alle wichtigen Schritte werden beschrieben, wesentliche Übungen aus einer neuen Sicht heraus dargestellt und die Transformationsstufe zu einem neuen Bewusstsein geschildert. Beim Lesen und Anwenden der beschriebenen Wahrheiten eröffnet sich dem Leser eine neue Sicht auf den Sinn des Lebens. Alle, die den geistigen Weg beschreiten, werden ihn besser verstehen, ihn bewusster, mutiger und konsequenter weitergehen. Das Buch ist aus der eigenen spirituellen Erfahrung der Autorin heraus geschrieben und eröffnet den Blick in eine Zukunft, die die evolutionäre Schöpferkraft selbst schaffen wird.

27 Perlen der Weisheit von Willigis Jäger

Keiko Nimura-Eckert (Hrsg.)
Gerd Aumeier (Fotoillustrationen)

Hardcover, 96 Seiten – ISBN 3-936486-44-1

Der bekannte Zenmeister und Kontemplationslehrer Willigis Jäger ist heute für viele Menschen zu einem Wegbegleiter auf dem Weg nach innen geworden. Eine langjährige Schülerin von Willigis Jäger, die Japanerin Dr. Keiko Nimura-Eckert, hat 27 Texte aus den Veröffentlichungen ihres Meisters mit Liebe und Achtsamkeit ausgesucht. (Die Zahl 27 ist in Japan eine heilige Zahl spirituellen Wachstums.) Sie geben Antwort auf die Grundfragen des Lebens, die heute so viele Menschen bewegen. Der Fotodesigner und Künstler Gerd Aumeier hat aus seiner eigenen meditativen Praxis schöpfend mit einer durchgehenden visuellen Symbolsprache spirituelle Inhalte in künstlerischen Farbillustrationen sichtbar gemacht. So ist ein attraktiver Band mit spirituellem und künstlerischem Tiefgang entstanden, der nicht nur zur persönlichen Besinnung einlädt und der Wahrheits- und Sinnsuche dient. Er ist sowohl in seiner äußeren Form als auch vom Inhalt her als ein anspruchsvolles Geschenk geeignet.

Befreiung des Ich

Die transformierende Kraft des Zen-Weges

Wolfgang Walter

Paperback, 200 Seiten – ISBN 3-936486-59-X

Viele Menschen stehen in unserer Zeit vor Fragen wie: Sind wir Menschen auf der Welt, um zu leiden? Welchen Sinn haben Krisen? Haben die Religionen versagt? Was ist der Sinn meines Lebens? Gibt es eine Möglichkeit zum Weltfrieden? Dieses Buch gibt Antworten auf diese Fragen. Es ist das Ergebnis vieler wertvoller und lebendiger Gespräche, die Wolfgang Walter mit seinen Schülern geführt hat. Er ist dabei stets bemüht, das wahre Wesen des Zen aufzuzeigen. Alle Gespräche kreisen um den gleichen Kern, um das, was der Mensch wirklich ist. Ein breites Feld nimmt der Aspekt ein, wie der Meditierende mit seinem Denken umgeht, wenn er sitzt. Es wird mit einfachen Worten ein Weg aufgezeigt, der suchende Menschen auf den Weg zu sich selbst, zur inneren Freiheit und Freude und zu einem wacheren Bewusstsein führen kann.

Jeder Tag ist ein guter Tag   Die Praxis des Zen · Wolfgang Walter

DVD – Filmdokumentation zu dem Buch „Befreiung des Ich", Dauer: 45 Min. – ISBN 3-938486-60-3

Im Brennpunkt: Geld & Spiritualität
Ist die Krise der materiellen Welt überwindbar?
Hans Wielens

Paperback, 272 Seiten, 28 Graphiken – ISBN 3-936486-49-2

In diesem Buch von Prof. Dr. H. Wielens wird die Krise unserer Gesellschaft als Orientierungs- und Sinnkrise der materiellen Welt verstanden. Wir haben eine künstliche Welt geschaffen, die von Äußerlichkeiten und von einem Machbarkeitswahn geprägt wird. Erforderlich ist daher eine integrierende Spiritualität, die Geld und Wirtschaft als einen positiven Teil unserer Wirklichkeit versteht und die diese mit der spirituellen Dimension vernetzen und verbinden kann. Das Buch ist spannend für spirituelle Menschen, weil sie mit dem wirklichen Wesen des Geldes vertraut gemacht werden, dem wir unsere Individualität und wirtschaftliche Freiheit zu verdanken haben. Es ist wichtig für alle Führungskräfte der Wirtschaft, weil es Wege aufzeigt, wie sie sich voll und authentisch in ihre Unternehmen einbringen können, in deren Eigeninteresse es liegt, sich stärker wertorientiert zu verhalten und sich nach einer Ethik des Seins auszurichten, um dann auch wirtschaftlich bessere Ergebnisse zu erreichen. Das Buch wird heftige Diskussionen hervorrufen und einen interdisziplinären Dialog auslösen.

Vom Nutzen ethischer Werte
Im Guten heimisch werden
Ethische Wertvorstellungen in Wirtschaft, Gesellschaft, Politik und Wissenschaft
Joachim Kohlhof

Hardcover, 184 Seiten – ISBN 3-936486-48-4

Die Wirtschafts- und Unternehmenskrise in Deutschland ist eine Vertrauenskrise in die Gestaltungsfähigkeit und Innovationsbereitschaft der in Politik und Wirtschaft Verantwortlichen. Prof. Dr. Joachim Kohlhof weist in diesem Buch den Weg, den vermeintlichen Widerspruch von Ethik und Wirtschaft aufzuheben. Er definiert die ethischen Bedingungen, mit denen das Unternehmen auf Dauer im Markt erfolgreich agieren können, und beschreibt, wie die Politik wieder durch verantwortungsbewusstes Handeln Vertrauen in der Bevölkerung zurückgewinnen kann. Sie bilden die Basis für eine nachhaltige, auf ethische Werte, Normen und Haltungen gründende Werteorientierung mit dem Ziel einer gerechten und menschenwürdigen Zukunft. Das Buch ist daher Wegbegleiter auf einer ethisch ausgerichteten Wirtschafts- und Unternehmensorientierung. Da in diesem Buch Wege aus der Krise zu einer nachhaltigen Verbesserung der gesellschaftlichen und wirtschaftlichen Situation aufgezeigt werden, ist dieses Buch für jeden verantwortungsbewussten Menschen unserer Zeit von Bedeutung, der mithelfen will, eine bessere Zukunft zu gestalten.

Verwirkliche dein Potenzial
Uneingeschränkter Erfolg in allen Lebensbereichen
Nick Williams

Paperback, 296 Seiten – ISBN 3-936486-30-1

Der führende Unternehmensberater Nick Williams definiert Erfolg in diesem wunderbaren Buch neu, vermittelt erstaunliche Erkenntnisse und gibt wertvolle praktische Ratschläge, wie wir unsere Ziele erreichen können. Er nimmt uns mit auf eine Entdeckungsreise zum uneingeschränkten Erfolg und beleuchtet dabei verschiedene Aspekte unseres Lebens. Er zeigt uns, wie wir durch eine Verschiebung der Perspektive von Mangel zu Fülle, von Langeweile zu Kreativität, von Angst zu Sicherheit, von geringem Selbstbewusstsein zu Kraft, von Isolation zu Verbundenheit gelangen und unser wahres Selbst leben können – zu unserer eigenen Freude und zum Wohl unserer Mitmenschen. Der Autor will seinen Lesern helfen, wieder Zugang zu der Quelle in ihrem Inneren zu bekommen und aus dieser Kraft heraus ihre Träume zu verwirklichen. Inspirierend und praktisch zugleich, ermutigt dieser hilfreiche Ratgeber, Schritt für Schritt die einzigartige Beziehung zum eigenen Wesen wieder herzustellen.